부동산학 한 권 정리

공인중개사, 감정평가사 수험생을 위한

부동산학 한 권 정리

문지효 지음

좋은땅

문지효박사(Ph.D)
컨설팅분야 건립타당성 현장 전문가

건립 타당성 분석 프로젝트를 다수 수행한 부동산 현장 전문가이자 경영학박사.

입지 선정, 최유효이용, 수익성 분석, 토지 보상, 경제성 평가, 정책 효과 및 지역균형발전 분석까지 수행해 온 실무 전문가이다.

건립 타당성 분석은 부동산학 이론과 실무가 집약된 '부동산학의 종합선물세트' 영역이다.

이론과 현장을 연결하는 구조적 통찰로 시험 대비와 실무 이해를 동시에 돕는다.

이해 중심 학습 철학을 바탕으로 교육과 연구 활동을 이어 가고 있다.

저자는 다수의 건립 타당성 분석 프로젝트를 수행해 온 부동산 현장 전문가이자 경영학박사로, 부동산 개발과 투자 의사결정의 전 과정을 실제 현장에서 수행해 온 실무 중심 전문가이다. 입지 선정, 최유효이용 검토, 수익성 분석, 토지 매입 및 보상 상황 파악, 경제성 분석, 지역경제 파급효과 평가, 정책적 효과 검토, 지역균형발전 기여도 분석에 이르기까지, 부동산 개발 사업의 타당성을 종합적으로 검토하는 업무를 수행하며 풍부한 현장 경험과 분석 역량을 축적해 왔다.

특히 건립 타당성 분석은 부동산학의 이론과 실무가 총체적으로 결합되는 분야로, 토지 이용 구조, 시장 분석, 수요 예측, 투자 타당성 검토, 공공정책 효과까지 아우르는 '부동산학의 종합 선물 세트'와 같은 영역이다. 저자는 이러한 실무 경험을 바탕으로 방대한 부동산학 이론을 현장에서 작동하는 구조 중심으로 재해석하고, 시험 대비를 넘어 실제 의사결정에 적용 가능한 지식 체계로 정리해 왔다.

경영학박사로서의 학문적 기반 위에, 도시 입지, 부동산 시장 구조, 개발 타당성 분석, 정책 효과 평가 등 다양한 연구와 실무 경험을 교육과 저술 활동에 접목하고 있으며, 복잡한 이론을 이해 중심 구조로 재구성하는 데 강점을 가지고 있다. 이론과 현장을 연결하는 통찰을 바탕으로 수험생과 실무자 모두에게 실질적인 도움을 제공하는 교육과 연구를 이어 가고 있다.

이 책은 공인중개사와 감정평가사를 동시에 준비하는 수험생을 위해 설계된 통합 부동산학 학습서입니다.

부동산학의 방대한 개념을 단순 요약이 아닌 구조적 이해 → 기억 → 시험 적용까지 연결하여, 한 권으로 핵심 이론을 완성할 수 있도록 구성했습니다.

■ 공인중개사 수험생에게

이 책을 완전히 마스터하면

공인중개사 1차 시험 부동산학개론 고득점이 가능하며

출제 핵심 개념을 빠르게 판별하는 능력이 향상됩니다.

특히 개념 간 연결 구조와 시험 함정 포인트를 함께 정리하여

문제 해결 속도와 정확도를 동시에 높여 줍니다.

■ 감정평가사 수험생에게

본 교재는 단순한 입문서가 아닙니다.

1차 시험 「부동산학원론」 완벽 대비

2차 감정평가이론 이해를 위한 이론적 기반 제공

논술형 답안 작성에 필요한 개념 구조 정립

즉, 감정평가사를 준비하는 수험생에게

기초 → 심화 → 논술 대응까지 이어지는 학습 토대를 제공합니다.

이 책의 가장 큰 차별점

▪ 시험 합격을 위한 구조적 학습

개념을 단순 암기가 아닌 체계로 이해
출제 포인트 중심 정리
헷갈리는 개념 비교 구조화
"외우는 공부"가 아니라
"보면 떠오르는 공부"를 가능하게 합니다.

▪ 동화 스토리 학습법

토지 분류, 입지이론, 시장이론 등 복잡한 개념을
이야기 흐름 속에서 자연스럽게 기억하도록 구성했습니다.
어려운 개념도 한 편의 이야기처럼 기억됩니다.
- 반복 학습 효과 극대화
- 장기 기억 저장 유도
- 시험 직전 빠른 회상 가능
"머리로 외우는 공부"가 아니라
"입으로 기억하는 공부"입니다.

읽을수록, 쓸수록 이해되고, 이해할수록 기억됩니다.
손이 기억하는 공부가 중요합니다. 눈으로만 읽지 마시고 반드시 손으로 따라 써 주셔야 최고의 학습효과를 기대할 수 있습니다.

눈으로 읽고, 손으로 쓰고, 입으로 말하는 연습을 해 본다면 합격은 반드시 보장합니다. 눈, 손, 귀가 협응하면 뇌는 자동으로 반응할 수밖에 없습니다.

▪ 이런 수험생에게 추천합니다

- 공인중개사 1차 고득점을 목표로 하는 수험생
- 감정평가사를 준비하며 기초이론을 탄탄히 하고 싶은 수험생
- 암기가 어려워 개념이 머리에 남지 않는 학습자

- 빠르게 전체 구조를 이해하고 싶은 수험생
- 장기 기억 중심 학습법을 찾는 수험생

■ 한 권으로 완성하는 부동산학

이 책은 단순한 요약서가 아닙니다.
- 시험 합격을 위한 전략서
- 이론 이해를 위한 개념 지도
- 장기 기억을 위한 학습 도구

그리고 무엇보다,
"부동산학이 처음으로 이해되는 경험"을 제공하는 책입니다.

차 례

제1장 동화로 기억하는 부동산학   11

제2장 부동산학 옳은 지문 모음 **49**

제3장 시험을 관통하는 마법의 문장들 **79**

제4장 손으로 써 보며 익히는 부동산학 **85**

제1장

동화로 기억하는 부동산학

할아버지와 함께 걸은 땅들의 마을

옛날 옛적 부동산 왕국에는 사람들이 사는 마을과는 조금 다른,

각기 다른 사연을 가진 땅들이 모여 살아가는 특별한 곳이 있었습니다.

멀리서 보면 그저 넓은 들판처럼 보였지만, 가까이 다가가면 땅마다 서로 다른 모습과 이야기를 품고 있었습니다.

어느 맑은 아침, 어린 왕자는 왕이 되기 위한 공부를 시작하며

지혜롭기로 유명한 마을의 할아버지와 함께 그곳을 찾아가게 되었습니다.

왕자는 호기심 가득한 눈으로 물었습니다.

"할아버지, 땅은 다 같은 땅 아닌가요?"

할아버지는 부드럽게 웃으며 말했습니다.

"겉보기에는 같아 보여도, 땅마다 살아온 이야기가 다르단다.

오늘 그 이야기를 하나씩 들어 보자꾸나."

바닷가에 가까워지자 잔잔한 파도가 모래를 적시며 밀려왔다 밀려가고 있었습니다.

왕자는 물가를 바라보다가 이상한 흔적을 발견했습니다.

"여기에도 땅이 있었던 것 같아요."

할아버지는 고개를 끄덕였습니다.

"그래, 예전에는 사람들이 걸어 다니던 땅이 있었지.

하지만 바닷물이 조금씩 밀려와 이제는 물속으로 잠겨 버렸단다.

이렇게 자연의 힘에 의해 사라진 땅을 포락지라고 부른단다."

왕자는 물결 위를 바라보며 조용히 속삭였습니다.

"사라져 버린 땅이라니… 조금 슬퍼 보여요."

조금 더 걸어가자 땅이 갑자기 가팔라지며 거대한 절벽이 나타났습니다.

바람이 절벽을 타고 내려오며 차가운 공기를 전했습니다.

"여기에도 집을 지을 수 있나요?"

왕자가 묻자 할아버지는 천천히 고개를 저었습니다.

"경사가 너무 심해 사람들이 이용하기 어려운 곳이란다.

이처럼 땅은 있지만 쓰기 힘든 곳을 법지라고 부른단다."

왕자는 발밑을 내려다보며 말했습니다.

"땅이 있어도 사람이 살 수 없는 곳도 있군요."

마을 안쪽으로 들어서자 발걸음을 옮길 때마다 땅이 푹푹 꺼졌습니다.

물기가 스며든 흙이 신발에 달라붙었습니다.

"여긴 왜 이렇게 젖어 있어요?"

"물이 빠지지 않아 늘 축축한 땅이란다.

이런 땅을 소지라고 부르지."

왕자는 물웅덩이를 바라보며 고개를 끄덕였습니다.

소지를 지나자 이번에는 갈라진 흙과 먼지만 날리는 메마른 땅이 나타났습니다.

풀 한 포기 자라지 않는 황량한 풍경이었습니다.

"여긴 아무것도 자라지 않아요."

할아버지는 흙을 손에 쥐어 보이며 말했습니다.

"흙이 너무 척박해 생명이 자라기 어려운 땅이란다.

이곳을 빈지라고 부른단다."

왕자는 잠시 생각하다 말했습니다.

"아까는 물이 많아 문제였고, 여긴 물이 없어 문제네요."

할아버지는 미소를 지었습니다.

"그래서 땅마다 다른 성격이 있는 거란다."

조금 더 걷자 넓고 평평하지만 아무것도 쓰이지 않는 땅이 나타났습니다.

바람만 고요히 스쳐 지나가고 있었습니다.

"여긴 왜 비어 있나요?"

"사용할 수 있지만 지금은 쉬고 있는 땅이란다.

이런 곳을 유휴지라고 부르지."

왕자는 햇살이 내려앉은 땅을 바라보며 말했습니다.

"마치 잠시 쉬고 있는 것 같아요."

마을 한쪽에는 무엇으로 쓰이는지 알 수 없는 애매한 땅이 있었습니다.

농지도 아니고 집터도 아닌, 정체를 알 수 없는 모습이었습니다.

"여긴 무엇을 하는 땅인가요?"

할아버지는 천천히 말했습니다.

"뚜렷한 용도가 정해지지 않은 땅을 잡종지라고 한단다."

왕자는 고개를 갸웃했습니다.

"아직 어떤 모습이 될지 모르는 땅이군요."

마을 외곽으로 나가자 논과 밭이 펼쳐져 있었지만, 곳곳에 측량 표시가 세워져 있었습니다.

"이곳은 곧 도시가 확장될 예정이란다."

할아버지가 말했습니다.

"앞으로 다른 용도로 바뀔 가능성이 있는 땅을

후보지라고 부른단다."

왕자는 멀리 펼쳐진 들판을 바라보며 말했습니다.

"미래를 기다리는 땅이네요."

조금 더 가자 굴착기 소리가 들리고 먼지가 일고 있었습니다.

논이 깎이고 길이 만들어지며 새로운 모습으로 변하고 있었습니다.

"여긴 이미 변하고 있어요!"

"그래, 지금 용도가 바뀌는 중인 땅을

이행지라고 한단다."

왕자는 눈을 반짝이며 말했습니다.

"땅도 변신을 하는군요!"

이어서 나타난 땅은 반듯하게 정리되어 있었고

도로와 전기, 수도 시설이 이미 설치되어 있었습니다.

"이제 집을 지을 수 있겠어요!"

할아버지는 고개를 끄덕였습니다.

"건축을 위해 준비된 땅을 택지라고 부른단다."

왕자는 그곳에 사람들이 모여 살 모습을 떠올렸습니다.

마침내 마을 중심에 도착하자

집들이 늘어서 있고 아이들의 웃음소리가 들렸습니다.

굴뚝에서는 저녁 연기가 올라오고 따뜻한 삶의 기운이 퍼지고 있었습니다.

할아버지는 조용히 말했습니다.

"건물이 서 있고 사람들이 살아가는 땅을

대지라고 부른단다."

왕자는 조용히 마을을 바라보았습니다.

그곳에는 땅 위에서 이어지는 사람들의 삶이

따뜻하게 숨 쉬고 있었습니다.

해가 서서히 기울 무렵, 왕자는 하루 동안 만난 땅들을 떠올렸습니다.

사라진 땅도 있었고,

쓰이기 어려운 땅도 있었으며,

젖은 땅과 메마른 땅도 있었습니다.

쉬고 있는 땅도 있었고,

미래를 기다리는 땅도 있었으며,

이미 사람들의 삶을 품고 있는 땅도 있었습니다.

왕자는 할아버지의 손을 꼭 잡으며 말했습니다.

"할아버지, 이제 알 것 같아요.

땅을 이해하면 세상을 이해할 수 있겠네요."

할아버지는 따뜻한 눈빛으로 왕자를 바라보며 말했습니다.

"그래, 땅을 아는 것은

사람들의 삶을 이해하는 첫걸음이란다."

그리고 두 사람은 붉게 물든 하늘 아래를 천천히 걸어 내려왔습니다.

수요와 공급의 마을

옛날 옛적, 부동산 왕국에는 서로 이웃해 살고 있는 두 마을이 있었습니다.

한 마을은 무엇이든 사고 싶어 하는 사람들이 모여 사는 '수요 마을',

다른 한 마을은 집을 짓고 공급하는 사람들이 사는 '공급 마을'이었습니다.

수요 마을 사람들은 언제나 이렇게 말하곤 했습니다.

"집값이 싸면 당장 사자!"

"하지만 비싸지면? 절대 안 사!"

그래서 신기하게도 집값이 오르기 시작하면

사려던 사람들이 하나둘 발걸음을 멈추었고,

반대로 집값이 내려가기 시작하면

기다렸다는 듯 사람들이 몰려와 줄을 서기 시작했습니다.

가격이 내려가면 시장이 북적이고,

가격이 오르면 거리가 한산해지는 것은

수요 마을에서는 아주 자연스러운 일이었습니다.

그런데 공급 마을 사람들은 전혀 다른 생각을 가지고 있었습니다.

"집값이 오르면 더 많이 짓자!"

"집값이 떨어지면 공사를 멈추자!"

집값이 오르면 건설 현장은 분주해지고

크레인과 망치 소리가 마을을 가득 채웠습니다.

하지만 집값이 떨어지면 공사장은 조용해지고

건설 노동자들은 잠시 일을 멈추며 다음 기회를 기다렸습니다.

이처럼 두 마을은 서로 반대의 방식으로 움직였지만,

그 덕분에 부동산 왕국의 시장은 균형을 이루며 돌아가고 있었습니다.

그러던 어느 날, 마을 전체가 술렁이기 시작했습니다.

왕국의 금리가 내려갔다는 소식이 퍼지고,

외지에서 사람들이 대거 이주해 온다는 소문이 돌았으며,

곧 집값이 크게 오를 것이라는 이야기가 시장을 떠돌기 시작했습니다.

그러자 수요 마을 사람들은 하나둘이 아니라

마을 전체가 동시에 들썩이기 시작했습니다.

"지금 사야 해!"

"곧 더 비싸질 거야!"

"늦으면 기회를 놓쳐!"

사람들은 집을 사기 위해 한꺼번에 움직였고,

이전과는 비교할 수 없을 만큼 많은 수요가 시장으로 몰려들었습니다.

이때 부동산 왕국의 지도 위에서

수요 마을의 움직임이 통째로 옮겨지는 변화가 나타났습니다.

이것을 사람들은 수요곡선이 이동했다고 말합니다.

하지만 단순히 집값이 오르거나 내려가는 상황에서는

마을 사람들이 같은 길 위에서 위치만 바뀔 뿐,

마을 자체가 옮겨지는 일은 일어나지 않았습니다.

가격 변화는 움직임의 크기를 바꿀 뿐이었고,

금리·인구·기대심리 같은 큰 변화가 있을 때에만

마을 전체가 새로운 방향으로 움직였던 것입니다.

이렇게 수요 마을과 공급 마을은

서로 다른 방식으로 움직이면서도

부동산 왕국의 질서를 만들어 가고 있었습니다.

그리고 이들의 이야기는

앞으로 펼쳐질 시장의 비밀을 이해하는 첫 번째 열쇠가 됩니다.

균형가격을 찾는 날

수요 마을과 공급 마을이 바쁘게 움직이던 어느 날,

부동산 왕국의 시장 광장에는 사람들이 가득 모여 있었습니다.

집을 사고 싶은 사람들과

집을 지어 팔고 싶은 사람들이

서로 눈치를 보며 거래를 시작했습니다.

처음에는 가격이 너무 높았습니다.

수요 마을 사람들은 고개를 저었습니다.

"이 가격엔 못 사요…"

집들이 남아돌기 시작했습니다.

이번에는 가격이 너무 낮았습니다.

공급 마을 사람들이 불평했습니다.

"이 가격이면 지을 이유가 없어요…"

건설이 멈추기 시작했습니다.

그러다 마침내,

사는 사람도 만족하고

파는 사람도 납득하는 가격이 나타났습니다.

그 가격에서 거래가 가장 활발해졌고,

집은 남지도 모자라지도 않았습니다.

왕국의 현자들은 말했습니다.

"지금 찾은 이 가격이 바로 균형가격이다."

이 가격에서는 시장이 가장 안정되고,

두 마을 모두 평화를 누릴 수 있었습니다.

탄력성 요정의 비밀

부동산 왕국에는 보이지 않는 요정이 하나 살고 있었습니다.
사람들은 그를 탄력성 요정이라고 불렀습니다.
이 요정은 가격이 변할 때
사람들이 얼마나 크게 움직이는지를 관찰했습니다.
어느 날, 사과 가격이 조금 오르자
사람들은 다른 과일을 사러 갔습니다.
요정은 속삭였습니다.

"이건 탄력적인 반응이야."

하지만 집값이 올랐을 때는 달랐습니다.
사람들은 쉽게 포기하지 못했습니다.
"집은 꼭 필요해… 조금 비싸도 사야지…"
요정은 고개를 끄덕였습니다.

"이건 비탄력적인 반응이야."

그리고 요정은 또 하나의 비밀을 알려 주었습니다.
가격이 변할 때 크게 움직이지 않는 쪽이
세금 부담을 더 많이 떠안게 된다는 사실이었습니다.
그래서 부동산 시장에서는
대체하기 어려운 주택을 필요로 하는 사람들,
즉 수요가 비탄력적인 쪽이 더 많은 부담을 지게 되는 경우가 많았습니다.

세금 요정과 부담의 저울, 그리고 왕국의 규칙 이야기

옛날 옛적 부동산 왕국에는 사람들이 편안하게 살 수 있도록

길과 학교, 공원과 병원을 지어야 했습니다.

이를 위해 왕국은 재정을 마련해야 했고,

그래서 어느 날 세금 요정이 왕국에 내려오게 되었습니다.

세금 요정은 반짝이는 저울을 들고 다니며 말했습니다.

"모든 사람이 공평하게 조금씩 부담한다면

왕국은 더 좋은 곳이 될 수 있어요."

사람들은 고개를 끄덕였지만,

세금을 나누는 일은 생각보다 쉽지 않았습니다.

■ 부담이 반으로 나뉘지 않는 이유

세금 요정은 시장 광장 한가운데에서

빛나는 저울을 꺼내 들었습니다.

"집을 사고 싶은 사람들과

집을 짓는 사람들 사이에

세금을 나누어 보겠습니다."

하지만 저울은 쉽게 균형을 이루지 못했습니다.

그때 어디선가 작은 목소리가 들려왔습니다.

"세금은 항상 반씩 나뉘지 않아."

그 목소리의 주인공은 탄력성 요정이었습니다.

그는 조용히 속삭였습니다.

"움직이기 어려운 쪽이 더 부담하게 될 거야."

■ 집이 꼭 필요한 사람들

왕국에는 집이 꼭 필요한 사람들이 많았습니다.

아이를 키우는 가족,

직장 때문에 이사를 온 사람들,

노부모를 모시기 위해 집이 필요한 사람들…

집값이 조금 오르고 세금이 붙어도

그들은 쉽게 집 구매를 포기할 수 없었습니다.

탄력성 요정이 말했습니다.

"이들은 움직이기 어려운 수요를 가지고 있어.

그래서 세금 부담이 더 크게 느껴질 수밖에 없지."

세금 요정은 저울을 바라보며 고개를 끄덕였습니다.

■ 공급이 쉽게 늘어나는 경우

반면 어떤 지역에서는

건설이 비교적 쉽게 이루어질 수 있었습니다.

토지가 넉넉하고 규제가 적다면

건설업자들은 더 많은 주택을 지을 수 있었습니다.

이 경우 공급이 늘어나면서

세금 부담의 일부가 시장 가격에 반영되어

구매자에게 전달되기도 했습니다.

탄력성 요정은 말했습니다.

"공급이 쉽게 늘어날 수 있다면

부담이 한쪽에만 머물지 않게 된다."

■ 왕의 고민과 새로운 규칙

하지만 왕은 또 다른 고민에 빠졌습니다.

"집값이 너무 빠르게 오르면

백성들이 살기 어려워지지 않겠는가?"

그래서 왕은 시장을 안정시키기 위한

여러 규칙을 만들기 시작했습니다.

세금 정책

왕은 투기를 막고 주거 안정을 위해

여러 세금을 도입했습니다.

- 여러 채의 집을 가진 사람에게 더 높은 세금

- 단기간에 집을 사고파는 경우 추가 세금

- 고가 주택에 대한 보유세 강화

왕은 말했습니다.

"집은 투기의 대상이 아니라
삶의 터전이 되어야 한다."
세금 요정은 고개를 끄덕이며 저울을 조정했습니다.

대출 규제

집값이 너무 빠르게 오르자
사람들이 과도한 빚을 내어 집을 사기 시작했습니다.
왕은 금융 현자들과 상의한 뒤
대출 규칙을 만들었습니다.
- 집값 대비 대출 비율 제한
- 소득 대비 상환 능력 심사
- 과도한 대출 억제
왕은 말했습니다.
"미래의 부담이 오늘의 위험이 되어서는 안 된다."

공급 확대 정책

왕은 집값 안정을 위해
새로운 주택 공급 계획도 세웠습니다.
- 신도시 개발
- 공공주택 건설
- 재개발·재건축 지원
탄력성 요정이 미소 지었습니다.
"공급이 늘어나면 시장의 균형이 회복될 거야."

토지 이용 규제

왕국의 환경과 질서를 지키기 위해
왕은 토지 이용 규칙도 마련했습니다.
- 무분별한 개발 제한
- 녹지 보호
- 용도지역 지정
왕은 말했습니다.
"개발은 필요하지만, 질서와 환경도 지켜야 한다."

■ 시장과 정책이 함께 만드는 균형

세금 요정은 다시 저울을 바라보았습니다.

이제 저울 위에는

시장 힘과 정책 규칙이 함께 놓여 있었습니다.

탄력성 요정이 조용히 말했습니다.

"시장은 스스로 움직이고,

정부는 방향을 바로잡는다."

세금 요정은 미소 지으며 말했습니다.

"부담의 무게는 시장이 나누고,

공정함의 기준은 정책이 세우는 것이구나."

■ 왕자가 깨달은 것

이 이야기를 지켜보던 어린 왕자는 조용히 말했습니다.

"세금은 단순히 돈을 걷는 일이 아니라,

사람들이 더 공정하게 살도록 돕는 것이군요."

할아버지는 따뜻하게 고개를 끄덕였습니다.

"그래, 시장과 정책이 함께 움직일 때

왕국은 가장 안정되고 살기 좋은 곳이 되는 것이란다."

붉은 노을이 왕국 위로 내려앉고,

저울은 조용히 균형을 이루고 있었습니다.

거미집 모형의 시간 여행

부동산 왕국의 건설에는 시간이 필요했습니다.

집을 짓기로 결정한 날부터

완성되기까지는 오랜 시간이 걸렸습니다.

어느 해 집값이 크게 오르자

공급 마을 사람들은 서둘러 집을 짓기 시작했습니다.

하지만 집이 완성될 즈음,

시장에는 이미 집이 충분히 많아졌고

가격은 다시 떨어지고 말았습니다.

그다음 해에는 건설이 줄어들었고

집이 부족해지자 가격이 다시 올랐습니다.

이러한 가격의 오르내림은

마치 거미가 거미줄을 짜듯

시간을 따라 반복되었습니다.

현자들은 이 현상을 보며 말했습니다.

"이것이 바로 거미집 모형이다."

가격과 공급이 시간 차이를 두고 움직이며

시장에 파동을 만들어 내는 것이었습니다.

보이지 않는 힘, 기대심리

왕국 사람들은 때때로

눈에 보이지 않는 힘에 의해 움직였다.

그 힘은

금도, 은도, 숫자도 아니었다.

그것은 바로

사람들의 기대였다.

어느 날 시장에 이런 소문이 퍼졌다.

"집값이 곧 오를 거래."

"지금 사지 않으면 늦을 거야."

그러면 아직 가격이 오르지도 않았는데

사람들은 먼저 움직이기 시작했다.

누군가는 서둘러 집을 사려 했고,

누군가는 더 오르기 전에 땅을 찾기 시작했다.

사람들의 발걸음이 빨라질수록

시장은 점점 뜨거워졌다.

반대로 이런 말이 돌 때도 있었다.

"이제 가격이 떨어질 거래…"

그러면 사람들은 갑자기 조용해졌다.

집을 사려던 사람들은

조금 더 기다리기로 했다.

"조금만 더 기다리면

더 싸게 살 수 있을지도 몰라."

그렇게 사람들이 멈추면

시장도 함께 멈추었다.

왕국의 현자들은

이 모습을 오래 지켜본 뒤 이렇게 말했다.

"시장은 숫자만으로 움직이지 않는다."

그리고 천천히 덧붙였다.

"시장은 숫자만으로 움직이지 않는다.
사람들의 기대가 미래를 움직인다."

시간의 마법사

왕국에는 보이지 않는 힘을 다루는 마법사가 한 명 살고 있었다.

사람들은 그를 시간의 마법사라고 불렀다.

어느 날 마법사는 사람들에게 이렇게 말했다.

"오늘의 돈과 내일의 돈은 같은 돈이 아니다."

사람들은 고개를 갸웃했다.

마법사는 다시 말했다.

"오늘 1억 원은 내일의 1억 원보다 더 강한 돈이다."

사람들은 그 이유를 물었다. 마법사는 미소를 지으며 설명했다.

"오늘 받은 돈은 지금 바로 사용할 수도 있고 어딘가에 투자해 더 큰 돈으로 만들 수도 있다.

하지만 미래의 돈은 아직 손에 들어오지 않은 돈이다."

그래서 사람들은 미래에 받을 돈을 지금의 가치로 바꾸어 보기 시작했다.

마법사는 그 계산에 작은 주문 하나를 걸었다.

그 주문의 이름은 할인이었다.

사람들은 미래의 돈에 이 마법을 걸어

현재의 돈으로 바꾸어 보았다.

그러자 이상한 일이 일어났다.

먼 미래에 받을 돈일수록 지금의 가치로 바꾸면 점점 작아졌다.

그리고 또 하나의 법칙이 있었다.

이자가 높을수록 그 돈은 더 빠르게 작아졌다.

시간과 이자가 돈의 크기를 바꾸는 마법이었던 것이다.

그래서 왕국의 사람들은 이 마법을 이렇게 불렀다.

현재가치.

미래의 돈을 오늘의 돈으로 바꾸는 시간의 마법이었다.

4사분면 회전목마

왕국의 중앙 광장에는 거대한 회전목마가 하나 있었다.

그 회전목마는 평범한 놀이기구가 아니었다.

네 개의 커다란 톱니바퀴가 서로 맞물려 돌아가는 장치였는데, 사람들은 그것을 '부동산의 톱니바퀴'라고 불렀다.

첫 번째 톱니바퀴에는 임대료라고 적혀 있었다.

경기가 좋아지고 상점이 잘되기 시작하면 임대료는 조금씩 올라갔다.

임대료가 오르면 건물을 가진 사람들뿐 아니라 건물을 짓는 사람들도 움직이기 시작했다.

그래서 두 번째 톱니바퀴인 건설이 돌아가기 시작한다.

"지금 건물을 지으면 돈이 되겠는데?"

이렇게 생각한 건설업자들이 새로운 상가와 건물을 세우기 시작한다.

건물이 늘어나면 세 번째 톱니바퀴인 공급이 커진다.

시장에 나오는 상가와 사무실, 건물의 수가 점점 많아진다.

하지만 공급이 너무 많아지면 문제가 생긴다.

모든 건물에 세입자가 들어오는 것은 아니기 때문이다.

그래서 네 번째 톱니바퀴인 공실이 돌아가기 시작한다.

빈 상가, 비어 있는 사무실, 임차인을 찾지 못한 건물들이 늘어난다.

공실이 많아지면 건물주들은 다시 고민에 빠진다.

"임대료를 조금 낮춰야 세입자가 들어오겠지."

이렇게 해서 다시 임대료가 내려간다.

그리고 임대료가 떨어지면 건설은 줄어들고, 공급도 줄어들고, 공실도 점차 줄어든다.

잠시 조용해진 시장은 다시 새로운 상승을 준비한다.

이처럼 왕국의 부동산 경기는

임대료 → 건설 → 공급 → 공실 → 다시 임대료라는

네 개의 톱니바퀴가 맞물리며 끝없이 돌아가고 있었다.

사람들은 그것을 이렇게 불렀다.

"부동산의 4사분면 회전목마."

거미집의 함정

왕국의 건축가들은 늘 고민에 빠져 있었다.

집을 짓는 데는 시간이 오래 걸렸기 때문이다.

오늘 기초를 놓아도 완성되기까지는 몇 년이 걸렸다.

그래서 건축가들은 언제나 지금의 가격이 아니라 '과거의 가격'을 보고 집을 짓는 경우가 많았다.

어느 해에는 집값이 크게 올랐다.

사람들은 그 가격을 보고 "지금 집을 지으면 큰돈을 벌 수 있겠다"고 생각했다.

건축가들은 앞다투어 새로운 집을 짓기 시작했다.

하지만 집이 완성되는 몇 년 뒤에는 상황이 달라져 있었다.

너무 많은 집이 한꺼번에 시장에 나오면서 공급이 넘쳐나기 시작했다.

집이 많아지자 가격은 급격히 떨어졌다.

가격이 떨어지자 사람들은 더 이상 집을 짓지 않았다.

건설이 줄어들고 시간이 흐르자 시장에는 오히려 집이 부족해지기 시작했다.

집이 부족해지면 가격은 다시 올라간다.

그리고 가격이 오르면 사람들은 또다시 집을 짓기 시작한다.

이처럼 집이 많아지면 가격이 폭락하고

집이 적어지면 가격이 폭등하는 현상이 반복되었다.

경제학자들은 이 이상한 움직임을 설명하기 위해 하나의 이름을 붙였다.

가격과 공급이 마치 거미줄처럼

위아래로 흔들리며 반복되는 모습 때문이었다.

사람들은 그것을 이렇게 불렀다.

"거미집의 저주."

도시의 왕들

도시에는 보이지 않는 왕들이 있었다.

그 왕들은 왕관도 쓰지 않았고, 궁전도 없었다.

하지만 사람들은

그들이 있는 곳을 가장 비싸게 대접했다.

그 왕들의 이름은 바로 땅이었다.

도심에 가까운 땅일수록

지대는 높아졌다.

사람들은 더 좋은 자리를 차지하기 위해

더 많은 돈을 내고

도심의 땅에 입찰했다.

가게를 열려는 사람,

사무실을 두려는 회사,

사람이 모이는 곳에서 장사를 하려는 상인들까지.

모두가 도심에 가까운 자리를 원했다.

그래서 도시의 중심으로 갈수록

땅값은 점점 더 올라갔다.

어느 날

새로운 도로가 생긴다는 소식이 들려오면

사람들은 그 주변의 땅을 먼저 찾기 시작했다.

지하철이 생긴다는 소문이 돌면

그 역 주변의 땅값이 먼저 움직였다.

아직 건물도 세워지지 않았고

개발이 시작된 것도 아니었지만

사람들의 기대는

이미 가격을 움직이고 있었다.

그래서 사람들은 이렇게 말했다.

교통이 생기면 땅값이 오르고

개발 소문이 돌면 지가가 먼저 뛴다.

도시에서는

눈에 보이는 건물이 아니라

눈에 보이지 않는 기대가

먼저 가격을 움직이기 때문이다.

다가구와 다세대 형제

주택 숲에는 겉모습이 매우 닮은 두 형제가 살고 있었다.

사람들은 처음 보면

둘을 쉽게 구분하지 못했다.

멀리서 보면

둘 다 여러 칸의 집이 모여 있는 건물이었기 때문이다.

하지만 자세히 들여다보면

둘은 전혀 다른 존재였다.

첫째 형의 이름은 다가구였다.

다가구의 집에는

여러 가구가 함께 살고 있었다.

각각 다른 사람들이 살고 있었지만

집의 주인은 단 한 명이었다.

그래서 다가구의 집은

겉으로는 여러 집처럼 보이지만

법적으로는 하나의 집으로 기록되어 있었다.

둘째 형의 이름은 다세대였다.

다세대의 집도 여러 칸으로 나뉘어 있었지만

각 집마다 주인이 따로 있었다.

어떤 집은 김씨의 집,

어떤 집은 박씨의 집,

또 다른 집은 이씨의 집이었다.

그래서 다세대의 집은

각각의 집이 독립된 부동산으로 등기되어 있었다.

겉모습은 비슷했지만

결정적인 차이는 바로 등기부였다.

다가구는

집은 여러 칸이지만 주인은 한 명.

다세대는

집도 여러 칸이고 주인도 여러 명.

그래서 사람들은 이렇게 말했다.

겉모습이 같다고 해서

같은 집은 아니라고.

진짜 차이는

등기부에 기록된 주인의 수에 있었다.

개발의 세 왕 이야기

옛날 옛적 부동산 왕국에는

새로운 길이 필요했고,

학교가 필요했으며,

많은 사람들이 살 수 있는 신도시가 필요했습니다.

하지만 왕국을 발전시키기 위해서는

막대한 돈과 시간, 그리고 지혜가 필요했습니다.

그래서 왕국에는 서로 다른 방식으로 개발을 이끄는

세 명의 개발왕이 있었습니다.

사람들은 그들을

개발의 세 왕이라고 불렀습니다.

■ 공익을 먼저 생각하는 공영왕

첫 번째 왕은 공영왕이었습니다.

공영왕은 언제나 백성들의 삶을 먼저 생각했습니다.

"이 길이 생기면 아이들이 학교에 안전하게 갈 수 있겠지."

"이 공원이 생기면 사람들이 쉴 수 있겠구나."

"이 학교는 미래를 위한 투자다."

그는 이익이 크지 않더라도

국민 모두에게 필요한 시설을 만들었습니다.

그래서 공영왕은

도로,

공원,

학교,

하수도,

공공임대주택과 같은 시설을 건설했습니다.

사람들은 말했습니다.

"공영왕의 개발은 모두를 위한 개발이구나."

■ 효율과 수익을 추구하는 민간왕

두 번째 왕은 민간왕이었습니다.

민간왕은 시장의 흐름을 읽는 데 뛰어났습니다.

"사람들이 많이 모이는 곳에 상가를 지으면 성공할 것이다."

"교통이 좋은 지역에는 아파트 수요가 많을 것이다."

"이 지역은 발전 가능성이 크다."

민간왕은 수요가 있는 곳을 찾아

효율적으로 개발하고 이익을 창출했습니다.

그는

아파트 단지,

상업시설,

오피스 빌딩,

복합 쇼핑몰을 건설하며 도시를 활기차게 만들었습니다.

사람들은 말했습니다.

"민간왕은 도시를 빠르게 성장시키는 힘이구나."

■ 협력의 힘을 아는 민자왕

세 번째 왕은 민자왕이었습니다.

민자왕은 공영왕과 민간왕이 함께할 때

더 큰 일을 할 수 있다고 믿었습니다.

"공익이 필요하지만 돈이 부족할 때,

민간의 힘을 빌리면 더 빨리 만들 수 있다."

그래서 민자왕은

공공과 민간이 손을 잡고 개발을 추진했습니다.

도로와 철도는 민간 자본으로 건설되었고,

사용하는 사람들은 통행료를 통해 비용을 나누어 부담했습니다.

민자왕은

고속도로,

지하철,

터널,

대형 기반시설을 빠르게 완성할 수 있었습니다.

사람들은 감탄하며 말했습니다.

"함께하면 더 큰 일을 해낼 수 있구나."

■ 왕국을 나누어 발전시킨 세 왕

시간이 흐르면서
왕국 곳곳에는 새로운 길이 뚫리고,
학교가 세워지고,
신도시가 들어서기 시작했습니다.
어떤 시설은 공영왕이 만들었고,
어떤 도시는 민간왕이 개발했으며,
대형 기반시설은 민자왕이 협력으로 완성했습니다.
길, 학교, 신도시, 철도와 터널까지
왕국의 발전은
세 왕의 역할이 어우러져 이루어졌습니다.

미래의 돈을 움직이는 네 마법 이야기

옛날 옛적 부동산 왕국에는

크고 멋진 건물을 짓고 싶어 하는 사람들이 많았습니다.

하지만 그들에게는 지금 당장 사용할 돈이 부족했습니다.

그때 왕국에는 돈의 흐름을 바꾸는

네 가지 특별한 마법이 존재하고 있었습니다.

사람들은 이 마법 덕분에

지금 돈이 없어도 집을 짓고,

투자를 하고,

노후를 준비할 수 있었습니다.

■ 미래의 돈을 담보로 빌리는 마법

PF(Project Financing)

어느 날 한 개발자가 왕을 찾아왔습니다.

"왕이시여, 이곳에 멋진 쇼핑몰을 짓고 싶습니다.

하지만 지금 돈이 부족합니다."

왕의 재무 현자는 물었습니다.

"완공되면 이 건물은 돈을 벌겠는가?"

개발자는 자신 있게 대답했습니다.

"사람들이 몰려와 임대료를 내고,

상점들이 들어와 수익이 생길 것입니다."

현자는 미소 지으며 말했습니다.

"그렇다면 미래에 벌어들일 돈을 담보로

지금 자금을 빌릴 수 있다."

이렇게 해서 개발자는

아직 존재하지도 않은 건물이 벌어들일 미래 수익을 바탕으로

건설 자금을 빌릴 수 있었습니다.

사람들은 이 마법을 PF(Project Financing)라고 불렀습니다.

이 마법 덕분에 왕국 곳곳에 새로운 도시와 건물이 탄생할 수 있었습니다.

■ 대출을 잘라 나누는 마법

MBS(주택저당증권)

왕국의 은행에는 수많은 주택 대출이 쌓여 있었습니다.

하지만 은행은 고민에 빠졌습니다.

"이렇게 많은 돈이 묶여 있으면

새로운 대출을 해 줄 수가 없잖아…"

그때 금융 마법사가 나타났습니다.

그는 수많은 주택 대출을 하나로 묶은 뒤

작은 조각으로 나누기 시작했습니다.

그리고 말했습니다.

"이 조각을 투자자들에게 나누어 팔면

은행은 다시 돈을 확보할 수 있다."

투자자들은 주택 대출에서 나오는 이자를

조금씩 나누어 받게 되었고,

은행은 다시 새로운 대출을 해 줄 수 있게 되었습니다.

사람들은 이 마법을 MBS(주택저당증권)라고 불렀습니다.

이 마법 덕분에

돈은 멈추지 않고 계속 흐르게 되었습니다.

■ 건물을 함께 소유하는 마법

REITs(리츠)

왕국에는 큰 빌딩과 쇼핑몰을 사고 싶어 하는 사람들이 많았지만,

그 가격은 너무 비싸 혼자서 사기 어려웠습니다.

그때 투자 현자가 말했습니다.

"여러 사람이 돈을 모아 건물을 함께 사면 어떨까?"

사람들은 조금씩 돈을 모아

큰 오피스 빌딩을 함께 구입했습니다.

그 건물에서 발생하는 임대료 수익은

투자한 비율만큼 나누어 지급되었습니다.

사람들은 기뻐하며 말했습니다.

"이제 우리도 건물주가 되었어!"

이 공동 투자 구조를 REITs(리츠)라고 불렀습니다.

리츠 덕분에

작은 돈으로도 부동산 투자에 참여할 수 있게 되었고,

정기적인 배당 수익도 받을 수 있었습니다.

■ 집을 연금으로 바꾸는 마법

주택연금

왕국의 한 노부부는 평생 모은 돈으로 집을 마련했지만,

나이가 들자 생활비가 걱정되기 시작했습니다.

"집은 있지만, 생활비로 쓸 돈이 부족하구나…"

그때 금융 현자가 말했습니다.

"집을 팔지 않고도

매달 연금처럼 돈을 받을 수 있습니다."

부부는 집에 계속 살면서

매달 생활비를 지급받게 되었고,

평생 안정적인 노후를 보낼 수 있었습니다.

사람들은 이 제도를

주택연금이라고 불렀습니다.

이 마법 덕분에

집은 단순한 거주 공간이 아니라

노후를 지켜 주는 자산이 되었습니다.

입지의 비밀: 어디에 자리 잡아야 할까

옛날 옛적, 부동산 왕국에는 넓은 평야와 숲, 그리고 작은 마을들이 흩어져 있었습니다.

사람들은 어디에 농사를 짓고, 어디에 공장을 세우고, 어디에 가게를 열어야 할지 늘 고민했습니다.

그때 왕국에는 세 명의 현자가 살고 있었는데,

사람들은 그들을 입지의 현자라고 불렀습니다.

■ 튀넨의 원형 농장 이야기

먼저 농부들이 찾아간 사람은 튀넨 현자였습니다.

농부들은 물었습니다.

"우리는 어떤 작물을 어디에 심어야 가장 이익이 날까요?"

튀넨 현자는 왕국의 중심 도시를 가리키며 말했습니다.

"도시와 가까울수록 운반 비용이 적게 든다.

그러니 쉽게 상하고 자주 운반해야 하는 작물은 도시 가까이에 심어야 한다."

그래서 도시 주변에는 채소와 우유 같은 신선식품 농장이 들어섰고,

조금 더 먼 곳에는 나무와 장작을 재배하는 숲이 생겼습니다.

그보다 더 멀리 떨어진 곳에는 곡물 농장이 자리 잡았고,

가장 먼 곳에는 넓은 목초지가 펼쳐졌습니다.

위에서 내려다보니 농장들은 마치 둥근 고리처럼 도시를 둘러싸고 있었습니다.

사람들은 깨달았습니다.

"운반비가 입지를 결정하는구나."

■ 베버의 공장 입지 비밀

이번에는 장인들과 상인들이 베버 현자를 찾아갔습니다.

"공장을 어디에 세워야 가장 효율적일까요?"

베버 현자는 세 가지를 생각해야 한다고 말했습니다.

① 원료는 어디에서 오는가?

② 물건은 어디로 보내는가?

③ 노동력은 어디에서 구할 수 있는가?

무거운 원료를 사용하는 공장은

원료가 있는 곳 가까이에 세워졌고,

완제품이 무거운 공장은

소비자 시장 가까이에 자리 잡았습니다.

또한 노동력이 풍부하고 임금이 낮은 지역에는

공장들이 모여들기 시작했습니다.

사람들은 다시 깨달았습니다.

"운송비와 노동비가 공장 입지를 결정하는구나."

■ 중심지의 비밀, 크리스탈러 이야기

어느 날, 상인들은 고민에 빠졌습니다.

"가게를 어디에 열어야 손님이 가장 많을까요?"

그때 등장한 사람이 크리스탈러 현자였습니다.

그는 말했습니다.

"사람들은 멀리 이동하기를 싫어한다.

그래서 필요한 물건은 가까운 곳에서 사고 싶어 한다."

그래서 작은 마을에는 빵집과 식료품점이 생겼고,

조금 더 큰 마을에는 옷 가게와 병원이 생겼으며,

가장 큰 도시는 백화점과 대학, 대형 병원이 자리 잡았습니다.

마을과 도시를 위에서 내려다보니

마치 벌집 모양처럼 일정한 간격으로 중심지가 퍼져 있었습니다.

사람들은 놀라며 말했습니다.

"도시는 필요한 서비스의 크기에 따라 계층을 이루는구나."

■ 사람들이 모이는 힘

시간이 흐르자, 사람들과 기업들은

서로 가까이 모이기 시작했습니다.

상점이 모이면 손님이 늘었고,

손님이 늘면 더 많은 상점이 생겼습니다.

공장들이 모이면 기술이 발전했고,

기술이 발전하면 더 많은 기업이 모여들었습니다.

현자들은 이것을 집적의 힘이라고 불렀습니다.

모이면 더 강해진다.

가까이 있을수록 더 효율적이다.

최유효이용 이야기

■ 땅이 가장 행복해지는 쓰임

부동산 왕국 한가운데에는 넓은 빈 땅이 하나 있었습니다.

사람들은 그 땅을 보며 저마다 다른 생각을 했습니다.

"여기에 주차장을 만들자!"

"아니야, 공원을 만들자!"

"상가를 지으면 돈이 될 거야!"

"아파트를 지어야 사람들이 살지!"

그때 현자가 나타나 말했습니다.

"이 땅이 가장 가치 있게 사용되는 방법을 찾아야 한다."

현자는 네 가지 질문을 던졌습니다.

법적으로 가능한가?

물리적으로 지을 수 있는가?

경제적으로 이익이 나는가?

그중 가장 가치가 높은가?

여러 가능성을 검토한 끝에,

이 땅에는 사람들이 가장 필요로 하고

가장 높은 가치를 만들어 내는 건물이 세워졌습니다.

땅은 환하게 웃으며 말했습니다.

"이제 나는 최유효이용을 찾았어."

도시 성장 이야기

작은 마을이

도시가 되기까지는

긴 시간이 필요했습니다.

처음 이곳에는

작은 우물 하나만 있었습니다.

사람들은 물을 얻기 위해

그 우물 주변에 모여 살기 시작했습니다.

농부들이 모였고

그들이 물건을 사고팔기 위해

작은 장터가 생겼습니다.

장터로 사람들이 오가자

자연스럽게 길이 만들어졌습니다.

길이 생기자 상점이 들어섰고

상점이 늘어나자

더 많은 사람들이 모여들었습니다.

학교가 생기고

병원이 생기자

가족들이 이곳으로 이주해 왔습니다.

시간이 흐르면서

작은 마을은 점점 커졌습니다.

도로는 넓어지고

건물은 높아졌습니다.

사람들은 그때서야

한 가지 사실을 깨달았습니다.

도시는

어느 날 갑자기 만들어지는 것이 아니라는 것을.

사람이 모이면

길이 생기고

길이 생기면

도시는 자라난다는 것을.

그래서 사람들은 이렇게 말했습니다.

"사람은 사람이 있는 곳으로 모이고,
도시는 그렇게 자라난다."

주거분리 현상 이야기

사람들은 왜 서로 다른 곳에 살게 될까?

도시가 점점 커지자 사람들은 같은 곳에 살지 않기 시작했다.

부유한 사람들은 조용하고 공원이 많은 곳을 선택했다.

넓은 집과 깨끗한 환경을 원했기 때문이다.

직장과 가까운 지역에는 젊은 직장인들이 모였다.

교통이 편리한 곳에는

학생과 신혼부부가 늘어났다.

이렇게 사람들은 각자의 소득과 생활 방식에 맞는 곳을 찾아

도시 곳곳에 자리를 잡기 시작했다.

도시는 점점 서로 다른 색깔의 동네들로 나뉘었다.

하지만 시간이 흐르자 도시 안에서는 또 다른 변화가 나타났다.

어떤 동네에서는 더 부유한 사람들이 새로 들어오면서

오래된 집들이 새롭게 바뀌기 시작했다.

집값은 올라가고 동네의 모습도 점점 더 고급스러워졌다.

사람들은 이런 변화를 상향여과라고 불렀다.

반대로 어떤 동네에서는 사람들이 떠나가고 건물이 오래되면서 집값이 점점 낮아졌다.

비어 있던 집에는 더 낮은 가격을 찾는 사람들이 들어왔다.

이런 변화는 하향여과라고 불렸다.

왕국의 현자는 이 모습을 오래 지켜본 뒤 말했다.

"사람들은 소득과 생활 방식, 직장까지의 거리와 환경을 고려해 살 곳을 선택한다."

그리고 덧붙였다.

"그래서 도시는 자연스럽게 서로 다른 지역으로 나뉘게 된다."

사람들은 이 현상을

주거분리 현상이라고 불렀다.

상권 분석 동화

■ 손님이 모이는 곳의 비밀

왕국에 두 개의 빵집이 생겼습니다.

하나는 사람들이 많이 지나는 시장 입구에 있었고,

다른 하나는 골목 깊숙한 곳에 자리 잡았습니다.

처음에는 두 빵집 모두 비슷한 빵을 만들고 비슷한 가격으로 팔았습니다.

하지만 시간이 지나자 두 가게의 모습은 점점 달라지기 시작했습니다.

시장 입구의 빵집에는 아침부터 저녁까지 손님이 끊이지 않았습니다.

장을 보러 온 사람들, 길을 지나던 사람들, 근처 상점에서 일하던 사람들까지

자연스럽게 그 빵집에 들렀습니다. 하지만 골목 안쪽의 빵집은 달랐습니다.

가게는 조용했고 하루에 몇 명의 손님만이 찾아왔습니다.

상인은 그 이유가 궁금했습니다. 그래서 왕국의 현자를 찾아가 물었습니다.

"왜 같은 빵을 파는데

어떤 가게에는 손님이 몰리고

어떤 가게에는 손님이 오지 않는 것입니까?"

현자는 잠시 미소를 지은 뒤 말했습니다.

"사람들은 가까운 곳,

접근하기 쉬운 곳,

그리고 규모가 큰 곳으로 간다."

사람들이 많이 지나가는 길목에는

자연스럽게 더 많은 손님이 모입니다.

그리고 큰 상점이나 여러 가게가 함께 모인 곳은

사람들에게 더 큰 선택을 제공합니다.

그래서 사람들은

그곳으로 발걸음을 옮깁니다.

결국 시장 입구의 빵집에는

사람들이 더 많이 모이게 되었습니다.

사람들은 이것을 이렇게 불렀습니다.

상권의 힘.

사람이 모이는 곳에는

언제나 또 다른 사람들이 모이기 때문입니다.

투자와 금리 이야기

■ 돈의 흐름이 바뀌는 순간

어느 날 왕국의 금리가 내려갔습니다.

사람들은 말했습니다.

"은행에 돈을 넣어도 이자가 적어."

"차라리 집을 사는 게 낫겠어!"

투자가 늘고 집값이 오르기 시작했습니다.

하지만 시간이 지나 금리가 다시 올라가자

사람들은 대출 부담을 느끼며 집 구매를 미루었습니다.

현자는 말했습니다.

"금리는 돈의 흐름을 바꾸고, 돈의 흐름은 부동산 시장을 움직인다."

감정평가 왕국의 가치 찾기 이야기

옛날 옛적 부동산 왕국에는

집과 토지, 상가와 공장이 가득했지만

사람들은 늘 같은 질문을 던졌습니다.

"이 부동산의 진짜 가치는 얼마일까?"

왕은 고민 끝에 세 명의 현자를 불러 모았습니다.

사람들은 그들을 가치의 세 현자라고 불렀습니다.

현자들은 서로 다른 방법으로

부동산의 가치를 찾아내고 있었습니다.

■ 시장의 목소리를 듣는 현자

거래사례비교법

첫 번째 현자는 시장을 돌아다니며

이미 팔린 집들을 살펴보았습니다.

"이 집과 비슷한 집은 얼마에 거래되었는가?"

그는 위치, 크기, 상태, 주변 환경을 비교하며

차이가 나는 부분을 하나씩 조정했습니다.

조용한 골목에 있는 집은 조금 낮추고,

공원이 보이는 집은 조금 높였습니다.

그렇게 조정을 마친 후

그 집의 적절한 가격을 찾아냈습니다.

현자는 말했습니다.

"시장의 거래 속에는 이미 답이 있다."

사람들은 이 방법을

거래사례비교법이라고 불렀습니다.

이 방법은 특히 주택과 토지처럼

시장에서 활발히 거래되는 부동산을 평가할 때

가장 신뢰받는 방법이었습니다.

■ 돈을 보는 현자

수익환원법

두 번째 현자는 건물의 임대 장부를 살펴보았습니다.

"이 건물은 앞으로 얼마나 돈을 벌어 줄까?"

상가에서 들어오는 임대료,

비어 있는 기간,

관리비와 유지비를 계산하여

실제로 남는 수익을 구했습니다.

그는 미래에 벌어들일 돈을

현재 가치로 환산하여

건물의 가치를 계산했습니다.

현자는 말했습니다.

"돈을 벌어 주는 능력이 곧 가치다."

사람들은 이 방법을

수익환원법이라 불렀습니다.

이 방법은 상가, 오피스, 임대주택처럼

수익을 창출하는 부동산을 평가할 때

가장 중요한 기준이 되었습니다.

■ 다시 짓는 비용을 보는 현자

원가법

세 번째 현자는 건물을 바라보며 말했습니다.

"이 건물을 지금 다시 지으면 얼마가 들까?"

그는 먼저 토지의 가치를 계산하고,

건물을 새로 짓는 비용을 구한 뒤

낡은 정도를 고려해 감가를 빼기 시작했습니다.

시간이 지나 낡은 부분,

사용하기 불편한 구조,

주변 환경 변화로 인한 가치 하락까지

모두 반영했습니다.

그리고 최종 가치를 계산했습니다.

현자는 말했습니다.

"다시 만드는 비용에서 낡은 만큼 빼면 가치가 보인다."
사람들은 이 방법을
원가법이라 불렀습니다.
이 방법은 학교, 병원, 공공시설처럼
거래 사례가 적은 건물의 평가에 특히 유용했습니다.

■ 세 방법이 함께 모인 이유

왕은 세 현자의 방법을 모두 듣고 말했습니다.
"어느 하나만이 정답은 아니구나."
시장 거래가 활발하면 비교법이 유용했고,
수익을 창출하는 부동산은 수익법이 중요했으며,
특수 건물은 원가법이 필요했습니다.
그래서 감정평가는
여러 방법을 종합하여
가장 합리적인 가치를 찾아내는 작업이었습니다.

■ 미래의 돈을 계산하는 마법

할인현금흐름법

어느 날 한 상인이 큰 쇼핑몰을 지으려 했습니다.
"앞으로 수십 년 동안 돈을 벌 텐데,
그 가치는 어떻게 계산해야 할까요?"
현자는 미래에 들어올 수익을 하나씩 예측한 뒤
시간이 지날수록 가치가 줄어드는 것을 고려해
현재의 가치로 환산했습니다.
미래의 돈은 현재보다 가치가 작기 때문입니다.
이 방법을 사람들은
할인현금흐름법(DCF)이라 불렀습니다.

■ 개발 예정 토지의 비밀

잔여법과 개발법

왕국 외곽에 넓은 빈 땅이 있었습니다.

아직 건물은 없지만 사람들은 말했습니다.

"여기에 아파트를 지으면 큰 가치가 생길 거야."

현자는 완성된 아파트의 예상 가치를 먼저 계산했습니다.

그리고 건설비, 인허가 비용, 이자, 위험비용을 모두 빼 보았습니다.

남는 금액이 바로

토지의 가치였습니다.

이것이 잔여법입니다.

또 다른 현자는 개발 후 전체 사업 가치를 기준으로 평가했습니다.

이것을 개발법이라 불렀습니다.

이 방법들은 개발 예정지 평가에 필수적인 지혜였습니다.

■ 사업 전체를 보는 방법

수익분석법

어느 날 왕국에 큰 리조트가 들어섰습니다.

이곳의 가치는 단순한 건물 가격이 아니라

숙박 수입, 식당 매출, 부대시설 수익까지

모두 합쳐진 결과였습니다.

현자는 말했습니다.

"이곳의 가치는 사업이 벌어들이는 총수익 속에 있다."

이 평가 방법을

수익분석법이라 불렀습니다.

호텔, 리조트, 골프장처럼

사업성과가 중요한 부동산 평가에 사용되었습니다.

제2장

부동산학 옳은 지문 모음

시험 대비 과정에서 수험생들이 흔히 빠지는 오류 중 하나가 틀린 지문까지 함께 암기하면서 개념이 혼란스러워지는 것이라고 지적한다. 따라서 틀린 선지를 외우기보다 핵심 개념이 담긴 '옳은 지문'을 정확히 이해하고 반복적으로 익히는 학습법을 강조한다. 올바른 개념 구조가 머릿속에 자리 잡으면 변형된 문제나 새로운 유형이 출제되더라도 흔들리지 않고 정답을 판별할 수 있기 때문이다. 이러한 접근은 단순 암기를 줄이고 이해 기반 사고를 강화하여 시험은 물론 실무 판단 능력까지 향상시키는 학습 전략이다.

틀린 지문 암기가 아니라, 옳은 개념을 정확히 아는 것이 합격의 핵심이다.

공인중개사, 감정평가사의 부동산학 시험은 기출지문이 변형되어 출제되는 경향이 많다.

Ⅰ. 부동산의 본질·특성, 유형

부동산은 토지와 그 위에 정착된 물건을 의미한다. 토지는 자연적으로 존재하는 자연물이지만, 그 위에 건설된 건물은 인공물이면서도 토지에 정착되어 이동이 불가능하므로 부동산에 포함된다. 즉, 건물은 토지의 정착물로서 법적으로 부동산에 해당한다.

한편 법률에서는 물리적으로 이동이 가능한 물건이라 하더라도 일정한 요건을 충족하면 부동산과 동일하게 취급하기도 한다. 이러한 재산을 준부동산이라 하며, 선박과 항공기가 대표적인 예이다. 또한 광업권과 어업권과 같은 권리도 준부동산에 포함된다. 준부동산은 등기, 저당 설정, 양도 등 법률관계에서 부동산과 동일한 방식으로 취급된다는 특징을 가진다.

부동산은 단순한 물리적 대상이 아니라 물리적 실체와 권리의 결합체라는 점에서 중요한 의미를 갖는다. 즉, 토지와 건물이라는 물리적 대상 위에 소유권, 임차권, 지상권 등의 권리가 결합되어 하나의 재산적 가치를 형성한다.

부동산은 여러 가지 고유한 특성을 동시에 지닌다. 먼저 부동성은 이동이 불가능하다는 성질로, 이로 인해 지역 간 가치 차이가 발생하고 입지에 따른 가격 차이가 형성된다. 부증성은 토지의 총량이 인위적으로 증가할 수 없다는 의미이며, 이러한 희소성은 토지 가치를 결정하는 중요한 요인이 된다. 개별성은 각각의 부동산이 위치, 환경, 이용 상태 등에서 서로 동일하지 않다는 성질을 말하며, 영속성은 토지가 물리적으로 소멸되지 않고 장기간 존속한다는 특징을 의미한다. 또한 부동산은 고가성을 지니고 있어 거래 시 막대한 자금이 필요하며 사회·경제적 파급효과도 크다.

토지는 자연물이고 건물은 인공물이지만, 토지에 정착되어 독립된 경제적 가치를 형성한다는 점에서 모두 부동산에 속한다. 부동산은 개인이 소유하고 거래할 수 있는 경제재이자 사유재이지만, 동시에 환경·도시계획·주거 안정 등 공공의 이익과 밀접하게 연결되어 공공재적 성격도 함께 가진다.

주거용 건물의 유형에서도 법적 분류의 차이를 이해할 필요가 있다. 다가구주택은 여러 가구가 거주하더라도 법적으로는 하나의 단독주택으로 분류되며, 각 세대별로 구분등기가 이루어지지 않는다. 반면 다세대주택은 공동주택에 해당하며 세대별 구분등기가 가능하여 각각 독립된 소유권의 대상이 된다.

이처럼 부동산은 물리적 대상과 법적 권리, 경제적 가치와 공공적 성격이 결합된 복합적 재산으로서, 그 개념과 특성을 이해하는 것은 부동산학 전반을 이해하는 출발점이 된다.

■ 기출 변형 지문

· 부동산은 토지와 그 정착물을 말한다.
· 건물은 토지의 정착물로서 부동산에 해당한다.
· 준부동산은 법률상 부동산과 동일하게 취급되는 동산이다.
· 선박과 항공기는 대표적인 준부동산이다.
· 광업권·어업권은 준부동산에 포함된다.

· 준부동산은 등기 · 저당 · 양도에 있어서 부동산과 동일하게 취급된다.

· 부동산은 부동성 · 부증성 · 개별성 · 영속성 · 고가성을 동시에 가진다.

· 부동산의 부동성은 지역분화와 입지차이를 발생시킨다.

· 부증성은 토지의 양이 증가하지 않는다는 의미이다.

· 부동산은 물리적 실체 + 권리의 결합체이다.

· 토지는 자연물, 건물은 인공물이지만 모두 부동산에 속한다.

· 부동산은 경제재, 사유재이면서 공공재적 성격을 동시에 가진다.

· 다가구주택은 여러 가구가 거주하지만 법적으로 단독주택이다.

· 다세대주택은 공동주택으로 세대별 구분등기가 가능하다.

· 부동산은 토지 및 그 정착물을 포함하는 개념이며, 법제에 따라 토지 · 건물을 핵심 대상으로 삼는다.

· 부동산은 물리적 실체(현물)와 권리(법적 권리묶음)가 결합된 재화로 이해하는 것이 적절하다.

· 주택은 사람이 거주할 목적으로 사용하는 건축물이다.

· 단독주택은 한 가구가 독립적으로 사용하는 주택이다.

· 다가구주택은 여러 가구가 거주하지만 법적으로 단독주택이다.

· 다중주택은 원룸 · 고시원 형태의 임대용 주택이다.

· 공동주택에는 아파트, 연립주택, 다세대주택이 포함된다.

· 아파트는 5층 이상 공동주택이다.

· 연립주택은 4층 이하이며 연면적 660㎡를 초과하는 공동주택이다.

· 다세대주택은 4층 이하이며 연면적 660㎡ 이하의 공동주택이다.

· 다세대주택은 세대별 구분등기가 가능하다.

· 다가구주택은 건물 전체가 하나로 등기된다.

· 부동산의 부동성은 "움직일 수 없다"는 물리적 의미뿐 아니라, 시장도 지역적으로 분절되고 입지 경쟁이 발생한다는 경제적 의미를 갖는다.

· 부동산의 개별성(이질성)은 완전한 대체가 어렵다는 뜻이며, 이로 인해 가격 비교가 어렵고 감정평가 · 중개 정보가 중요해진다.

· 부동산의 영속성은 토지에 특히 강하게 나타나며, 건물은 물리적으로는 감가하지만 부동산으로서의 이용가치는 유지 · 갱신될 수 있다.

· 부동산은 고가성 때문에 레버리지(차입) 활용이 일반적이고, 이로 인해 금융 · 정책 변수의 영향을 크게 받는다.

· 부동산의 부증성은 특히 토지에서 나타나며, 이는 장기적으로 토지가치가 상승하는 경향(희소성)을 설명하는 근거가 된다.

· 부동산의 위치고정성은 수요가 "부동산이 있는 곳으로 이동"하기 어렵게 만들어 국지적 수급불균형을 심화시키는 요인이 된다.

· 부동산은 사적재이지만 외부효과 · 공공성 때문에 공공재적 성격이 나타나며, 이에 따라 규제 · 조세 · 공급정책이 정당화된다.

· 부동산의 외부효과(근린효과)는 인접 토지이용이 내 토지가치에 영향을 주는 현상으로, 용도지역·지구·구역 등 토지이용규제의 논거가 된다.

· 부동산은 토지와 그 정착물로 구성되며, 물리적 실체와 법적 권리의 결합체이다.

· 부동산의 본질은 "움직일 수 없는 희소한 공간 자원"이라는 점에 있다.

· 부동산은 위치 고정성 때문에 시장이 국지적으로 분리되고, 동일한 부동산은 존재할 수 없다.

· 이로 인해 부동산은 개별성이 강하고 대체가 어렵다.

· 부동산의 고가성은 금융의 개입을 필연적으로 만들며, 이자율·대출·정책의 영향을 크게 받는다.

· 부동산은 사적 소유가 가능하지만, 외부효과와 공공성을 동시에 지니므로 정부 규제가 정당화된다.

· 토지는 부증성과 영속성을 동시에 가지므로 장기적으로 희소성이 강화된다.

· 건물은 감가되지만, 토지와 결합하여 부동산으로서 이용가치는 계속 재창출된다.

· 가격 변화는 수요량의 변화를 초래하지만 수요곡선 자체를 이동시키지는 않는다.

· 부동산 수요는 주거·투자·보유 목적이 중첩되어 가격탄력성이 낮게 나타난다.

· 소득탄력성이 1보다 크면 해당 부동산은 사치재 성격을 가진다.

· 단기 부동산 공급은 고정재고로 인해 거의 완전비탄력에 가깝다.

· 대출 규제는 수요곡선을 이동시키는 정책변수이다.

· 기대인플레이션 상승은 실질금리 하락을 통해 부동산 수요를 증가시킬 수 있다.

· 교차탄력성이 0에 가까울수록 두 재화는 독립재에 가깝다.

· 장기적으로 부동산 수요의 가격탄력성은 단기보다 크다.

II. 수요·공급 이론

시장에서는 가격과 거래량이 어떻게 결정되는지를 이해하기 위해 수요와 공급의 개념을 구분할 필요가 있다. 먼저 수요량은 가격이 변할 때 다른 조건이 동일하다는 전제 아래 소비자가 구매하려는 양이 변화하는 것을 의미한다. 즉, 가격이 변하면 동일한 수요곡선 위에서 이동이 발생한다. 반면 수요는 소득, 인구, 선호, 기대와 같은 비가격 요인의 변화로 인해 수요곡선 자체가 이동하는 개념이다.

공급에서도 동일한 구분이 적용된다. 공급량은 가격 변화에 따라 동일한 조건에서 생산자가 공급하려는 양이 변하는 것을 의미하며, 이는 공급곡선 상의 이동으로 나타난다. 반면 공급은 생산비, 기술 수준, 정부 규제, 미래 가격 기대 등의 변화로 공급곡선 자체가 이동하는 경우를 말한다.

일반적으로 가격이 상승하면 수요량은 감소하는 경향이 있다. 그러나 이러한 변화의 크기는 가격탄력성에 의해 달라진다. 가격 변화에 민감하게 반응하는 재화는 수요량이 크게 줄어들고, 반대로 필수재처럼 가격 변화에 둔감한 재화는 감소 폭이 작다.

소득 변화 역시 수요에 중요한 영향을 미친다. 소득이 증가하면 대부분의 재화는 수요가 증가하는데, 이를 정상재라고 한다. 반면 소득이 증가할수록 수요가 감소하는 재화를 열등재라 한다. 부동산, 특히 주거용 주택은 일반적으로 정상재 성격이 강한 것으로 이해되며, 소득 증가와 함께 주거 수준 향상 욕구가 증가하는 경향이 있다.

재화 간의 관계도 수요 변화에 영향을 미친다. 어떤 재화의 가격이 상승할 때 그 재화를 대신할 수 있는 대체재의 수요는 증가한다. 반대로 함께 소비되는 보완재의 가격이 상승하면 해당 재화의 수요는 감소하게 된다. 이러한 관계는 주거 선택에서 주택 유형 간 이동이나 교통비 변화에 따른 주거 입지 선택 변화 등으로 설명될 수 있다.

미래 가격에 대한 기대 또한 현재 수요를 변화시키는 중요한 요인이다. 향후 가격 상승이 예상되면 소비자들은 지금 구매하려는 경향을 보이며, 이는 단기적인 가격 급등을 유발할 수 있다. 부동산 시장에서 나타나는 투기적 수요와 기대심리는 이러한 기대 효과를 설명하는 핵심 논리로 작용한다.

부동산 시장은 일반 상품 시장과 달리 공급 조정 속도가 느리다는 특징을 가진다. 건설 기간이 길고 토지 이용 규제가 존재하기 때문에 단기적으로는 공급이 비탄력적인 경우가 많다. 즉, 수요가 급증하더라도 공급을 즉시 늘리기 어렵기 때문에 가격이 크게 상승할 수 있다. 반면 장기적으로는 신규 건설과 개발이 이루어지면서 공급이 증가할 수 있어 상대적으로 공급이 탄력적으로 변하는 경향이 있다. 다만 토지 제약이나 강한 규제가 존재하는 경우에는 장기적으로도 공급 탄력성이 낮게 유지될 수 있다.

이러한 특성 때문에 단기적으로는 수요 충격이 가격 변동을 크게 유발하지만, 시간이 지나면서 공급이 조정되면 가격 변동 폭이 완화되는 경향이 나타난다. 그러나 공급 확대가 제한되는 환경에서는 가격 상승 압력이 장기간 지속될 수도 있다.

한편 건설 원가 상승과 같은 생산비 증가 요인은 공급곡선을 좌측으로 이동시키는 비가격 요인으로 작용한다. 이는 공급 감소를 의미하며 결과적으로 시장 가격 상승 압력을 발생시킬 수 있다. 따라서 이러한 변화는 단순한 가격 변화에 따른 공급량 변화가 아니라, 공급 조건 자체의 변화로 이해해야 한다.

이처럼 수요와 공급의 기본 원리와 비가격 요인의 변화, 그리고 부동산 시장 특유의 공급 조정 구조를 함께 이해하면 시장 가격 변동의 원인을 보다 체계적으로 파악할 수 있다.

■ 기출 변형 지문

· 가격이 상승하면 수요량은 감소, 공급량은 증가한다.

· 수요곡선은 우하향, 공급곡선은 우상향한다.

· 소득 증가 시 정상재의 수요는 증가한다.

· 대체재 가격이 오르면 수요는 증가한다.

· 보완재 가격이 오르면 수요는 감소한다.

· 미래 가격 상승이 예상되면 현재 수요는 증가한다.

· 장기에는 공급의 가격탄력성이 단기보다 크다.

· 수요량은 가격 변화에 따라 같은 조건에서 움직이는 반면, 수요는 비가격요인 변화로 곡선 자체가 이동하는 개념이다.

· 공급량은 가격 변화에 따라 움직이는 반면, 공급은 생산비 · 기술 · 규제 · 기대 등 변화로 곡선이 이동한다.

· 가격 상승은 일반적으로 수요량을 감소시키지만, 그 효과의 크기는 가격탄력성에 의해 좌우된다.

· 소득이 증가하면 정상재 수요는 증가하나, 열등재는 감소하며, "부동산(특히 주거용 주택)"은 대체로 정상재 성격이 강하게 다뤄진다.

· 대체재 가격 상승은 해당 재화의 수요를 증가시키며, 보완재 가격 상승은 해당 재화의 수요를 감소시킨다.

· 미래 가격 상승 기대는 현재 수요를 증가시켜 단기 급등을 유발할 수 있으며, 이는 부동산에서 투기 · 기대심리를 설명하는 핵심 논리로 등장한다.

· 부동산은 거래 · 건설 조정이 느려 단기에는 공급이 비탄력적이기 쉽고, 장기에는 공급이 상대적으로 탄력적이되는 경향이 있다.

· 단기에는 수요 충격이 가격을 크게 흔들고, 장기에는 공급 조정이 진행되며 가격 변동이 완화될 수 있다(단, 규제 · 토지제약이 강하면 장기에도 공급탄력성이 낮을 수 있음).

· 건설 원가 상승은 공급곡선을 좌측(감소) 이동시켜 가격 상승 압력을 만들 수 있으며, 이는 공급 감소(비가격요인)로 이해해야 한다.

· 부동산 가격은 수요와 공급의 상호작용으로 형성된다.

· 가격이 오르면 수요량은 감소하고 공급량은 증가한다.

· 소득이 증가하면 주택과 토지는 정상재로서 수요가 증가한다.

· 대체재 가격 상승은 수요 증가, 보완재 가격 상승은 수요 감소를 유발한다.

· 미래 가격 상승 기대는 현재 수요를 증가시켜 가격을 더 끌어올릴 수 있다.

· 부동산은 단기적으로 공급이 비탄력적이어서 수요 변화가 가격에 크게 반영된다.

· 장기적으로는 신규 건설과 용도 변경으로 공급이 일부 조정된다(증가). 그러나 토지와 규제로 인해 공급탄력성에는 한계가 존재한다(증가량 적음).

· 부동산 수요는 일정 기간 동안 각 가격 수준에서 구매하려는 수량을 의미한다.

· 부동산 가격 상승은 수요량 감소를 초래하지만 수요 자체를 감소시키지는 않는다.

· 인구 증가, 소득 증가, 금리 하락은 부동산 수요곡선을 우측으로 이동시킨다.

· 미래의 가격 상승에 대한 기대는 현재의 부동산 수요를 증가시킨다.

· 대체재 가격 상승은 해당 부동산의 수요를 증가시킨다.

· 부동산 공급은 일정 기간 동안 각 가격 수준에서 판매자가 제공하려는 수량이다.

· 부동산 가격 상승은 공급량 증가를 초래한다.

· 건설원가 하락, 기술 발전, 규제 완화는 부동산 공급곡선을 우측으로 이동시킨다.

· 부동산 공급은 단기보다 장기에 더 탄력적이다.

· 가격탄력성이 1보다 작으면 수요는 비탄력적이다.

· 소득탄력성이 양수이면 해당 재화는 정상재이다.

· 교차탄력성이 음수이면 두 재화는 보완재 관계이다.

Ⅲ. 가격 및 탄력성 관련 이론

가격이나 소득이 변할 때 시장이 어떻게 반응하는지 이해하려면 탄력성 개념부터 살펴보자. 탄력성은 어떤 경제 변수의 변화에 대해 수요량이나 공급량이 얼마나 민감하게 움직이는지를 보여 주는 지표이다.

먼저 가격탄력성이 무엇인지 생각해 보자. 가격이 1% 변할 때 수요량 또는 공급량이 몇 퍼센트 변하는지를 통해 탄력성을 측정한다. 수요는 가격과 반대 방향으로 움직이므로 부호보다는 절댓값의 크기로 반응 정도를 비교해 보자.

가격탄력성이 크다는 것은 가격 변화에 수요량이 크게 반응한다는 의미이며, 이를 탄력적 수요라고 한다. 반대로 가격이 변해도 수요량이 크게 달라지지 않는다면 비탄력적 수요라고 이해해 보자. 대체재가 많거나 구매를 미룰 수 있는 재화는 탄력적일 가능성이 크고, 필수재처럼 반드시 필요한 재화는 비탄력적일 가능성이 크다는 점도 함께 기억해 보자.

이제 탄력성과 총수입의 관계를 연결해서 생각해 보자. 수요가 비탄력적이라면 가격을 올려도 수요 감소 폭이 작기 때문에 총수입은 증가하는 경향이 있다. 반대로 수요가 탄력적이라면 가격 인상으로 수요가 크게 줄어 총수입이 감소할 수 있다. 임대료 설정이나 분양가 전략을 이해할 때 이 관계를 떠올려 보자.

다음으로 소득탄력성을 이해해 보자. 소득이 증가할 때 수요가 얼마나 변하는지를 보여 주는 지표이다. 소득이 증가할수록 수요가 증가하면 양(+)의 값을 가지며 이를 정상재라고 한다. 반대로 소득이 증가할 때 수요가 감소하면 음(-)의 값을 가지며 열등재로 분류된다. 주거용 부동산은 일반적으로 소득 증가와 함께 수요가 증가하는 정상재 성격이 강하다는 점을 떠올려 보자.

이제 재화 간 관계를 이해하기 위해 교차탄력성을 살펴보자. 한 재화의 가격 변화가 다른 재화의 수요에 어떤 영향을 미치는지를 측정하는 지표이다. 값이 양(+)이면 두 재화는 서로 대체 관계에 있다고 이해해 보자. 반대로 음(-)이면 보완 관계로 해석해 보자. 예를 들어 전세가격 상승이 매매 수요 증가로 이어지는 현상을 떠올리면 이해가 쉬워진다.

이번에는 공급탄력성을 생각해 보자. 가격이 변할 때 공급량이 얼마나 빠르고 크게 반응하는지를 나타낸다. 생산 기간, 재고 보유 여부, 생산요소 이동성, 그리고 정부 규제 등이 공급탄력성을 결정한다는 점을 함께 정리해 보자.

특히 부동산 시장을 떠올려 보자. 주택을 새로 건설하려면 오랜 시간과 인허가 절차가 필요하다. 그래서 단기적으로는 공급을 빠르게 늘리기 어렵고, 공급탄력성이 낮게 나타나는 경우가 많다. 이 때문에 수요가 갑자기 증가하면 가격이 크게 상승할 수 있다. 반면 시간이 충분히 지나 개발과 건설이 진행되면 공급이 늘어나 장기적으로는 공급탄력성이 높아질 수 있다는 점도 함께 이해해 보자.

결국 탄력성은 가격 변화가 시장에 어떤 결과를 가져오는지 이해하는 핵심 도구이다. 특히 부동산 시장에서는 수요와 공급의 탄력성 구조가 가격 변동과 정책 효과를 해석하는 중요한 열쇠가 된다는 점을 기억해 두자.

■ 기출 변형 지문

· 균형가격은 수요량과 공급량이 일치하는 가격이다.

· 상한가격이 균형가격보다 낮으면 초과수요가 발생한다.

· 하한가격이 균형가격보다 높으면 초과공급이 발생한다.

· 독점시장은 완전경쟁시장보다 가격이 높고 생산량이 적다.

· 부동산시장은 불완전경쟁시장이다.

· 가격탄력성은 "가격 1% 변화에 대한 수요량(또는 공급량) % 변화"로 측정하며, 수요의 경우 절댓값으로 크기를 비교한다.

· 수요의 가격탄력성이 클수록(탄력적일수록) 가격 변화에 수요량이 크게 반응하고, 탄력성이 작을수록(비탄력적) 가격 변화에 둔감하다.

· 비탄력적 수요에서는 가격 인상이 총수입을 증가시키고, 탄력적 수요에서는 가격 인상이 총수입을 감소시킨다는 관계가 기본적으로 성립한다.

· 소득탄력성은 소득 증가에 따라 수요가 얼마나 변하는지 보여 주며, 정상재는 양(+)의 값, 열등재는 음(-)의 값이 된다.

· 교차탄력성이 양(+)이면 대체재 관계, 음(-)이면 보완재 관계로 해석하는 것이 원칙이다.

· 공급탄력성은 생산기간 · 재고 · 요소이동성 · 규제 등에 의해 결정되며, 부동산(특히 신축)은 생산기간이 길어 단기 공급탄력성이 낮다.

· 가격탄력성은 가격 변화에 대한 수요량 또는 공급량의 반응 정도이다.

· 수요가 비탄력적이면 가격 상승 시 총수입이 증가한다.

· 수요가 탄력적이면 가격 상승 시 총수입이 감소한다.

· 소득탄력성이 양이면 정상재, 음이면 열등재이다.

· 교차탄력성이 양이면 대체재, 음이면 보완재이다.

· 부동산은 단기 공급탄력성이 낮아 가격 충격이 크게 나타난다.

Ⅳ. 부동산 시장 특성과 정부 개입

부동산 시장이 일반 상품 시장과 어떻게 다른지 먼저 살펴보자. 부동산 시장은 거래 대상이 이동할 수 없기 때문에 지역별로 분리되어 형성되며, 전국이 하나의 통합시장처럼 움직이지 않는다. 이러한 특성 때문에 부동산 시장은 국지적 시장의 성격을 가진다고 이해해 보자.

또한 부동산은 개별적 특성이 강해 동일한 조건의 거래가 반복적으로 이루어지기 어렵다. 거래 방식 역시 표준화되어 있지 않으며, 거래 당사자 간 협상에 의해 가격과 조건이 결정되는 경우가 많다. 이러한 이유로 부동산 시장은 비조직적이고 비표준화된 시장이라는 특징을 갖는다.

이와 함께 부동산 거래에서는 정보가 완전히 공개되지 않는 경우가 많다. 매도자와 매수자가 알고 있는 정보의 수준이 서로 다를 수 있으며, 물리적 상태, 권리관계, 개발 가능성 등에 관한 정보 격차가 존재한다. 이러한 현상을 정보의 비대칭성이라고 하며, 부동산 시장에서는 특히 크게 나타나는 특징이다.

정보 비대칭성과 더불어 부동산 거래에는 높은 비용이 수반된다. 중개수수료, 세금, 등기비용, 금융비용 등 다양한 거래비용이 발생하기 때문에 거래가 빈번하게 이루어지기 어렵다. 이러한 높은 거래비용은 시장 조정을 느리게 만들며, 가격 변화가 즉각적으로 거래량 변화로 이어지지 않는 이유가 된다.

또한 부동산은 동일한 상품이 반복 생산되는 것이 아니라 위치, 환경, 구조 등이 서로 다른 이질적 상품이다. 여기에 불완전한 정보와 높은 거래비용이 결합되면서, 부동산 시장은 완전경쟁시장이 아니라 불완전경쟁시장의 특성을 갖는다고 이해해 보자.

이러한 시장 특성 때문에 부동산 가격은 단기적으로 쉽게 하락하거나 상승하지 않는 가격 경직성을 보이는 경우가 많다. 거래가 드물고 협상이 길어지며, 매도자와 매수자의 기대가격이 쉽게 조정되지 않기 때문에 가격은 단기적으로 경직적으로 움직이는 경향이 있다.

이처럼 정보 비대칭 문제를 완화하기 위해 시장에는 다양한 제도가 마련되어 있다. 공인중개사는 거래 정보 전달과 계약 안전성을 높이는 역할을 수행하며, 감정평가는 부동산 가치 판단의 객관성을 제공한다. 또한 공시가격 제도는 시장 정보의 공개를 통해 가격 정보의 투명성을 높이는 기능을 수행한다. 이러한 장치들을 통해 정보 비대칭 문제를 완화해 보려는 노력이 이루어지고 있음을 이해해 보자.

부동산 시장은 시장 기능만으로는 효율적 자원 배분과 공정한 이용을 달성하기 어렵기 때문에 정부 정책이 중요한 역할을 수행한다. 토지정책의 궁극적인 목적은 효율성과 형평성의 조화에 있다고 이해해 보자. 즉, 토지가 가장 생산적으로 이용되도록 하면서도 사회적 불평등이 심화되지 않도록 균형을 추구하는 것이다.

정부는 조세를 통해 토지 이용을 억제하거나 유도하는 정책 수단을 활용한다. 예를 들어 과도한 보유를 억제하거나 비효율적인 이용을 줄이기 위해 세금을 부과할 수 있으며, 이는 토지 이용 방향을 조정하는 중요한 정책 도구가 된다.

또한 개발사업으로 인해 발생하는 지가 상승 이익이 특정 개인에게만 집중되지 않도록 하기 위해 개발부담금 제도가 운영된다. 이는 개발로 발생한 불로소득의 일부를 환수하여 공공의 이익으로 환원하려는 목적을 가진다.

한편 용도지역제는 토지 이용을 질서 있게 관리하기 위한 핵심 수단이다. 주거지역, 상업지역, 공업지역 등을 구분하여 지정함으로써 무질서한 개발을 방지하고 도시 기능을 효율적으로 배치하도록 돕는다. 이를 통해 쾌적한 생활환경과 지속가능한 도시 구조를 형성할 수 있음을 이해해 보자.

결국 부동산 시장은 정보 비대칭, 높은 거래비용, 이질적 상품 특성으로 인해 완전경쟁이 어려운 구조를 가지며, 이러한 한계를 보완하고 사회적 균형을 유지하기 위해 정부의 정책적 개입이 중요한 역할을 수행한다는 점을 함께 정리해 보자.

■ 기출 변형 지문

· 부동산 시장은 국지적 · 비조직적 · 비표준화된 시장이다.

· 부동산은 정보의 비대칭성이 크다.

· 부동산 시장은 가격의 경직성이 크다.

· 거래비용이 커서 조정이 느리다.

· 부동산 시장은 이질적 상품, 불완전정보, 높은 거래비용으로 인해 불완전경쟁 시장이다.

· 정보비대칭은 중개, 감정평가, 공시제도로 완화된다.

· 부동산 가격은 단기적으로 경직성을 보인다.

· 토지정책의 목적은 효율성과 형평성의 조화이다.

· 조세는 토지이용 억제 · 유도 수단이다.

· 개발부담금은 불로소득 환수 목적이다.

· 용도지역제는 토지이용의 질서화 수단이다.

· 균형은 수요량과 공급량이 일치하는 상태이며, 이때의 가격은 균형가격, 수량은 균형거래량이다.

· 상한가격이 균형가격보다 낮게 설정되면 초과수요가 발생하고, 배급 · 암시장 · 품질저하 같은 비가격조정이 나타날 수 있다.

· 하한가격이 균형가격보다 높게 설정되면 초과공급이 발생하며, 정부매입 · 재고누적 같은 조치가 수반될 수 있다.

· 거래세나 단위당 세금은 일반적으로 거래량을 줄이고, 소비자지불가격과 생산자수취가격 사이에 쐐기(wedge)를 만든다.

· 조세부담의 귀착은 법적 납세의무자와 무관하게 탄력성이 더 낮은 쪽이 더 크게 부담하는 경향이 있다.

· 부동산처럼 공급이 단기에 비탄력적이면, 특정 세금의 부담이 상대적으로 공급자(소유자)에게 더 귀착되는 방향으로 설명될 수 있다(조건부).

· 균형가격은 수요량과 공급량이 일치하는 가격이다.

· 상한가격이 균형가격보다 낮으면 초과수요가 발생한다.

· 하한가격이 균형가격보다 높으면 초과공급이 발생한다.

· 부동산 조세는 거래량을 감소시키고, 부담은 탄력성이 낮은 쪽에 더 귀착된다.

· 부동산처럼 공급이 비탄력적일수록 조세 부담은 토지소유자에게 더 전가된다.

V. 경기변동 · 거미집모형

먼저 시장구조의 기본 유형부터 살펴보자. 완전경쟁시장은 다수의 공급자와 수요자가 존재하고, 거래되는 상품이 동질적이며, 모든 시장 참여자가 완전한 정보를 공유하고, 시장 진입과 퇴출이 자유로운 상태를 전제로 한다. 이러한 조건에서는 개별 경제주체가 가격에 영향을 미칠 수 없으며, 시장 가격은 수요와 공급의 상호작용 속에서 자연스럽게 결정된다.

반면 독점시장은 단일 공급자가 시장을 지배하는 구조를 가진다. 진입장벽이 높아 새로운 경쟁자의 참여가 어렵고, 공급자는 가격결정력을 가지며 시장 가격에 직접적인 영향을 미칠 수 있다. 이처럼 시장구조에 따라 가격 형성 방식과 경쟁 수준이 크게 달라진다는 점을 이해해 보자.

이제 부동산 시장이 이러한 시장구조와 어떻게 다른지 생각해 보자. 부동산은 위치와 환경, 구조가 서로 다른 이질적 상품이며, 거래 당사자 간 정보 격차가 큰 정보비대칭성이 존재한다. 또한 거래비용이 높고 거래 빈도가 낮기 때문에 완전경쟁시장에 가깝다고 보기 어렵다. 따라서 부동산 시장은 일반적으로 불완전경쟁적 특성을 지닌 시장으로 설명된다.

정보비대칭이 존재하면 시장에서는 역선택과 도덕적 해이 문제가 발생할 수 있다. 예를 들어 매도자가 하자를 숨기거나, 거래 이후 관리 책임이 소홀해지는 문제가 나타날 수 있다. 이러한 정보 문제를 완화하기 위해 공인중개사의 중개 기능, 감정평가를 통한 가치 판단, 공시가격 제도와 같은 정보 공개 장치가 운영되고 있음을 함께 이해해 보자.

부동산 거래 방식의 특징도 살펴볼 필요가 있다. 부동산 거래는 특정 거래소에서 통일된 가격으로 이루어지는 것이 아니라 개별 당사자 간 협상을 통해 이루어지는 경우가 많다. 이러한 특성을 비조직성이라고 하며, 이는 가격 형성과 거래 속도를 느리게 만드는 요인으로 작용한다.

이러한 특성 때문에 부동산 가격은 단기적으로 즉시 균형 수준으로 조정되기보다는 경직성을 보이는 경향이 있다. 가격은 인접 거래 사례, 시장 기대, 정부 정책 등의 영향을 받으며, 매도자와 매수자의 기대가격이 쉽게 조정되지 않기 때문에 단기간에 급격히 변동하기보다 완만하게 움직이는 경우가 많다.

이제 공급과 가격 변동의 관계를 함께 살펴보자. 신규 건설이 증가하면 장기적으로 공급이 증가하게 된다. 공급이 증가하면 공실이 늘어날 가능성이 있으며, 공실 증가가 지속되면 임대료 하락 압력이 발생한다. 즉, 공급 증가 → 공실 증가 → 임대료 하락이라는 흐름을 이해해 보자.

이 과정에서 중요한 이론이 거미집모형이다. 거미집모형은 가격 변화에 대한 공급 반응이 시간 지연을 두고 이루어질 때 발생하는 시장 변동을 설명한다. 부동산 시장에서는 건설 기간이 길어 공급 조정이 늦게 이루어지므로 이 모형이 적용되기 쉬운 구조를 가진다.

수요 증가로 가격이 상승하면 건설이 확대되지만, 건설이 완료되는 시점에는 공급 과잉이 발생할 수 있다. 이로 인해 가격이 하락하고 다시 건설이 줄어드는 과정이 반복되면서 가격 변동이 나타난다. 이러한 변동은 공급 반응이 과도할 경우 더욱 확대될 수 있음을 이해해 보자.

부동산 경기 변동 폭이 크게 나타나는 이유 역시 여기에 있다. 공급이 단기적으로 비탄력적이고 조정 시차가 존재하기 때문에 시장은 과잉과 부족을 반복하며 변동성을 키우게 된다.

또한 임대료와 자산가격의 관계도 함께 살펴보자. 임대료 상승은 미래 수익 증가 기대를 높이며, 이는 자본화 과정을 통해 자산가격 상승으로 이어질 수 있다. 4사분면 모형에서는 임대료가 개발과 공급을 연결하는 핵심 신호변수로 작용한다. 임대료가 높게 유지될 때에만 신규 건설이 증가하는 이유도 여기에 있다.

거미집모형에서 나타나는 가격 변동은 단기적으로 확대될 수 있지만, 장기적으로는 수요와 공급이 조정되면서 균형 수준으로 수렴하는 경향이 있다. 따라서 부동산 시장의 변동은 구조적 특성과 시간 지연 효과 속에서 이해할 필요가 있다.

결국 부동산 시장은 완전경쟁 구조와는 다른 특성을 가지며, 정보 문제와 거래 구조, 공급 조정 시차가 결합되어 가격 변동과 경기 순환을 만들어 낸다는 점을 함께 정리해 보자.

■ 기출 변형 지문

· 공급이 수요보다 비탄력적이면 발산형이 된다.

· 공급이 수요보다 탄력적이면 수렴형이 된다.

· 공급과 수요의 탄력성이 같으면 순환형이 된다.

· 건설시장은 시차 때문에 거미집모형이 잘 나타난다.

· 완전경쟁은 다수의 공급자·수요자, 동질적 상품, 완전정보, 자유로운 진입퇴출을 전제로 한다.

· 독점은 단일 공급자가 시장을 지배하고, 진입장벽이 크며, 가격결정력을 갖는다.

· 부동산 시장은 상품이 이질적이고 정보비대칭이 크며 거래비용이 커서 완전경쟁에 가깝지 않다는 설명이 일반적이다.

· 정보비대칭은 역선택·도덕적 해이를 유발할 수 있으며, 중개·감정평가·공시제도 등은 정보 문제를 완화하는 장치로 해석된다.

· 부동산의 비조직성은 거래가 특정 거래소에서 통일적으로 이루어지지 않고 개별 협상으로 이루어지는 경향을 말한다.

· 부동산 가격은 인접 거래사례, 기대, 정책 등 영향으로 단기 경직성이 나타날 수 있으며, "즉시 균형으로 조정" 된다고 보긴 어렵다.

· 부동산시장은 건설시차로 인해 가격과 공급이 어긋나기 쉽다.

· 공급이 수요보다 탄력적이면 발산형, 수요가 공급보다 탄력적이면 수렴형, 비슷하면 순환형이 된다.

· 부동산 가격 급등 후 공급 증가로 가격이 하락하는 주기적 변동은 거미집모형으로 설명된다.

· 부동산 경기는 일반 경기보다 변동폭이 크고 시차가 길다.

· 공급 시차는 부동산 경기변동을 확대시키는 요인이다.

· 임대료 상승은 신규 건설을 증가시킨다.

· 신규 건설 증가는 장기적으로 공급 증가로 이어진다.

· 공급 증가는 공실 증가를 유발할 수 있다.

· 공실 증가는 임대료 하락 압력을 만든다.

· 거미집모형은 가격 변화에 대한 공급 반응의 시차에서 발생한다.

· 부동산 시장은 거미집모형이 적용되기 쉬운 시장이다.

· 부동산 경기의 변동폭이 큰 것은 공급의 비탄력성과 시차 때문이 크다.

· 임대료 상승은 자본화되어 자산가격 상승으로 이어진다.

· 4사분면 모형에서 임대료는 개발과 공급을 연결하는 신호변수이다.

· 신규 건설은 높은 임대료가 지속될 때만 증가한다.

· 거미집모형에서 가격 변동이 확대되는 것은 공급 반응이 과도하기 때문이다.

· 장기적으로 거미집은 수요·공급의 균형으로 수렴하는 경향이 있다.

VI. 지대, 지가, 도시, 입지이론 및 주거분리현상

토지의 가치와 도시 공간구조가 어떻게 형성되는지 이해하려면 먼저 지대의 개념부터 살펴보자. 지대는 토지를 이용함으로써 얻는 초과수익을 의미하며, 토지의 위치와 생산성, 접근성 등에 따라 차이가 발생한다.

먼저 고전적인 지대이론을 제시한 리카도의 관점을 이해해 보자. 리카도는 토지의 비옥도와 생산성 차이가 지대를 발생시킨다고 보았다. 생산성이 높은 토지는 더 많은 산출을 가능하게 하므로 더 높은 지대를 창출하게 된다. 즉, 토지의 생산성 차이가 지대를 만드는 핵심 요인이라는 점을 기억해 보자.

이와 달리 튀넨은 농업 입지와 지대 형성의 관계를 설명하였다. 그는 도시 시장을 중심으로 토지 이용이 동심원 형태로 나타난다고 보았으며, 도시에서 가까울수록 수송비가 적게 들기 때문에 지대가 높아진다고 설명하였다. 따라서 도심과의 거리 및 수송비 차이가 지대를 결정하는 중요한 요인임을 이해해 보자.

이제 도시 토지 이용의 구조를 설명한 알론소의 이론을 살펴보자. 알론소는 도심 접근성이 좋은 곳일수록 토지 이용이 고도화된다고 보았다. 접근성이 높은 도심 지역에서는 높은 지대를 지불할 수 있는 상업 활동이 입지하게 되고, 상대적으로 지불 능력이 낮은 주거용 토지는 외곽으로 이동하게 된다. 그래서 도심에서는 상업용 토지의 지대가 주거용 토지보다 높게 형성된다는 점을 이해해 보자.

이러한 이론을 종합하면, 토지 가치는 장래에 발생할 것으로 기대되는 지대의 현재가치로 설명할 수 있다. 즉, 미래에 높은 수익을 창출할 것으로 기대되는 토지는 현재의 지가도 높게 형성된다. 따라서 미래 개발 기대나 성장 가능성은 현재 지가에 즉시 반영되는 경향이 있음을 함께 이해해 보자.

이제 도시의 공간 구조가 어떻게 확장되는지 살펴보자. 버제스는 도시가 중심업무지구를 중심으로 동심원 형태로 확장된다고 보았다. 반면 호이트는 도시가 교통축을 따라 방사형으로 성장한다고 설명하였다. 이후 해리스와 울만은 도시 기능이 하나의 중심이 아니라 여러 중심을 형성하는 다핵도시구조를 제시하였다. 이처럼 도시 구조는 교통, 산업, 기능 분산에 따라 다양한 형태로 발전할 수 있음을 이해해 보자.

산업 입지와 관련된 이론도 함께 살펴보자. 베버는 공업 입지를 결정하는 요인으로 수송비, 노동비, 그리고 집적 효과를 제시하였다. 기업은 생산비를 최소화할 수 있는 위치를 선택하려 한다는 점을 이해해 보자. 한편 뢰쉬는 기업이 이윤을 최대화할 수 있는 입지를 선택한다고 보았으며, 시장 범위와 수요를 고려한 입지 선택을 강조하였다.

마지막으로 크리스탈러의 중심지이론을 살펴보자. 그는 재화와 서비스 공급 중심지가 일정한 체계를 이루며 분포한다고 보았다. 중심지는 배후지역에 재화와 서비스를 제공하며, 중심지의 규모와 기능에 따라 위계 구조가 형성된다는 점을 이해해 보자.

결국 토지의 가치와 도시 공간 구조는 생산성, 접근성, 수송비, 시장 범위, 산업 활동, 교통망 등 다양한 요인이 결합되어 형성된다. 이러한 지대이론과 입지이론을 함께 이해하면 도시가 왜 특정한 형태로 성장하고 토지 가치가 왜 위치에 따라 달라지는지를 체계적으로 설명할 수 있다.

· 리카도 지대는 비옥도 차이에서 발생한다.

· 튀넨 이론에서 도시에서 가까울수록 지대가 높다.

· 알론소 이론에서 접근성이 좋은 곳일수록 토지이용이 고도화된다.

· 도심일수록 상업용 토지가 주거용보다 지대가 높다.

· 리카도는 토지의 생산성 차이가 지대를 만든다고 보았다.

· 튀넨은 수송비와 도심거리 차이가 지대를 결정한다고 보았다.

· 토지가치는 장래 지대의 현재가치로 설명할 수 있다.

· 미래 개발 기대는 현재 지가에 반영된다.

· 알론소는 도심 접근성과 지대의 관계를 설명하였다.

· 버제스는 도시가 동심원 형태로 확장된다고 보았다.

· 호이트는 교통축을 따라 도시가 성장한다고 보았다.

· 해리스와 울만은 다핵도시구조를 제시하였다.

· 베버는 수송비 · 노동비 · 집적효과를 공업입지 요인으로 보았다.

· 뢰쉬는 이윤이 최대가 되는 입지를 기업이 선택한다고 보았다.

· 크리스탈러는 중심지이론을 제시하였다.

■ 심화 지문 익히기

경기변동 · 거미집모형(발산 · 수렴 · 순환 + 시차)

· 거미집모형은 공급이 과거 가격에 반응해 시차를 두고 조정될 때 나타나는 동태적 조정 모형이다.

· 수요가 공급보다 더 탄력적이면 가격 · 수량의 변동폭이 점차 줄어들어 수렴형이 될 가능성이 높다.

· 공급이 수요보다 더 탄력적이면 변동폭이 커져 발산형이 될 가능성이 높다.

· 탄력성이 유사하면 순환형(진동형)으로 나타날 수 있다.

· 부동산(주택) 시장은 착공 · 준공에 시간이 걸려 공급반응이 지연되므로, 가격 급등 후 공급증가가 뒤늦게 나타나 가격 하락을 유발하는 설명이 자주 사용된다.

· 정책 충격(금리 · 대출규제 · 세제)이 수요를 먼저 흔들고, 공급은 늦게 따라오는 구조가 반복되면 변동성이 커질 수 있다.

입지 · 지대이론(리카도 · 튀넨 · 알론소 · 중심지)

· 리카도 지대는 토지의 비옥도 · 생산성 차이가 동일 가격 하에서 잉여를 만들면서 발생하는 차액지대로 설명된다.

· 튀넨 이론은 단일 시장(도시), 동일한 토질 가정 하에서 수송비 차이에 의해 도시 가까이에서 지대가 높아짐을 설명한다.

· 튀넨 모형에서 수송비가 높은(신선·부피 큰) 생산물일수록 도시 가까이에 입지하려는 유인이 커질 수 있다.

· 알론소(도시지대) 이론에서는 도심 접근성이 높은 곳일수록 지대가 높고, 토지이용은 지대지불능력에 따라 배치되는 경향이 제시된다.

· 도심부는 일반적으로 상업·업무 기능이 강하고, 지대지불능력이 큰 활동이 중심지에 입지하는 설명이 성립한다.

· 중심지이론은 재화·서비스 공급의 공간적 분포가 시장범위·문턱수요에 의해 구조화된다는 관점을 제공한다.

■ 주거분리현상

· 주택여과는 주택의 물리적 수명과 신축공급에 의해 발생한다.

· 주거분리는 주택시장과 노동시장의 상호작용 결과이다.

· 고소득층의 외곽 이전은 도심의 여과를 촉진할 수 있다.

· 공공임대주택 공급은 주거분리를 완화하는 정책수단이다.

· 주거분리는 소득·계층에 따라 거주지가 공간적으로 분리되는 현상이다.

· 주택여과는 신축주택 공급에 따라 기존 주택이 계층을 따라 이동하는 현상이다.

■ 기출 변형 지문

· 리카도 지대는 생산성 차이에서 발생한다.

· 튀넨 이론은 수송비 차이로 도시 인근 토지의 지대가 높아짐을 설명한다.

· 알론소 이론은 접근성이 높은 도심일수록 지대가 높음을 설명한다.

· 도심은 상업·업무, 외곽은 주거·농업이 입지하는 경향이 있다.

· 토지이용은 지대지불능력에 따라 배분된다.

· 토지의 희소성과 위치 독점성은 지가 형성의 근본 요인이다.

· 환원율은 토지의 위험도와 자본시장의 이자율을 반영한다.

· 교통망 개선은 접근성을 높여 지가 상승 요인으로 작용한다.

· 알론소의 입찰지대곡선은 토지이용 간 지대 경쟁을 설명한다.

· 다핵도시는 기능별 집적에 의해 형성된다.

· 집적경제는 기업의 입지선택을 도심으로 유인한다.

VII. 개발·이용이론, 개발·PF·민자

토지를 가장 효율적으로 활용하기 위해서는 먼저 최유효이용(Highest and Best Use, HBU) 개념부터 알아보자. 최유효이용이란 주어진 토지를 가장 가치 있게 활용할 수 있는 이용 상태를 의미하며, 네 가지 조건을 충족해야 한다. 먼저 물리적으로 가능한 이용이어야 하고, 법적으로 허용되어야 하며, 재정적으로 타당해야 하고, 그중에서도 최대의 생산성과 가치를 창출해야 한다. 이 네 가지 조건이 동시에 충족될 때 비로소 최유효이용이 성립한다고 알아 두자.

토지이용의 집약 정도는 용적률과 밀접한 관계가 있다. 용적률이 커질수록 동일한 토지 위에서 더 많은 연면적을 확보할 수 있으므로 토지이용은 더욱 집약화된다. 즉, 용적률이 높다는 것은 토지를 보다 밀도 높게 활용한다는 의미임을 알아보자.

토지이용은 입지 조건과 교통 접근성에 의해 크게 좌우된다. 접근성이 좋은 지역일수록 상업·업무 기능이 집중되고, 교통이 불리한 지역은 상대적으로 저밀도의 이용 형태가 나타나는 경향이 있다. 따라서 토지이용 패턴을 파악하려면 입지와 교통 여건을 함께 살펴보는 것이 중요하다는 점을 알아보자.

한편 토지이용규제는 단순한 개발 제한이 아니라 외부효과를 줄이고 도시의 질서를 유지하기 위한 정책 수단으로 이해할 수 있다. 무분별한 개발로 인한 환경 훼손, 교통 혼잡, 소음 등 부정적 외부효과를 줄이기 위해 규제가 필요하다는 논리라는 점을 알아보자.

이와 관련하여 용도지역제는 토지이용을 분리하고 유도하여 기능 간 충돌을 완화하고, 기반시설 계획과의 정합성을 높이기 위한 제도적 장치로 볼 수 있다. 주거, 상업, 공업 기능을 구분함으로써 도시 기능의 효율적 배치를 도모하는 제도라는 점을 알아보자.

개발밀도 역시 토지이용 효율성과 직결된다. 용적률과 같은 지표는 토지의 집약적 이용 정도를 나타내며, 용적률이 높을수록 동일 면적에서 더 많은 건축 연면적을 확보할 수 있다. 이는 도시의 수용 능력과 경제적 효율성을 높이는 중요한 요소라는 점을 알아보자.

규제가 강화되면 개발 가능 면적이나 밀도가 제한되어 공급 제약이 커질 수 있다. 이러한 공급 제약은 장기적으로 가격 상승 압력을 유발할 수 있다는 설명이 가능하다. 다만 실제 가격 변화는 수요 여건과 함께 고려해야 한다는 점도 함께 알아보자.

반대로 기반시설 확충과 교통 개선은 접근성을 높여 수요를 증가시키는 요인이 될 수 있다. 도로, 철도, 지하철 등의 교통망 확충은 이동 비용을 줄이고 입지 매력을 높이기 때문에 지가 상승 요인으로 작용할 수 있음을 알아보자.

이제 개발 방식의 차이를 알아보자. 공영개발은 공공기관이 주도하여 개발을 수행하며, 개발이익을 사회에 환원하는 것을 중요한 목적으로 한다. 반면 민간개발은 민간 사업자가 사업을 추진하며, 분양 수익이나 운영 수익을 통해 투자 자금을 회수하는 방식으로 이루어진다. 이 과정에서 프로젝트금융을 활용해 자금을 조달하는 경우가 많다.

공공과 민간이 협력하는 방식으로는 민자사업이 있다. 이는 공공시설을 민간 자본으로 건설하고 운영하는 방식으로, 재정 부담을 줄이면서 기반시설을 확충할 수 있는 장점을 가진다. 대표적인 방식으로 BOT(Build-Operate-Transfer) 방식이 있으며, 민간이 시설을 건설하고 일정 기간 운영한 후 국가에 소유권을 이전하는 구조이다.

또한 대규모 개발사업에서는 PF(Project Financing) 방식이 활용된다. PF는 사업 자체에서 발생할 미래 현금흐름을 근거로 대출이 이루어지는 금융 방식으로, 사업성 평가가 자금 조달의 핵심 기준이 된다. 이는 개발사업의 위험과 수익 구조를 프로젝트 단위로 판단하는 금융기법이라는 점을 알아보자.

결국 토지이용과 개발은 최유효이용 원칙, 규제 체계, 접근성 변화, 그리고 다양한 개발 방식과 금융 구조가 결합되어 이루어진다. 이러한 요소들을 함께 살펴보면 도시 공간이 형성되는 과정과 부동산 가치 변화의 원리를 보다 체계적으로 파악할 수 있다.

■ 기출 변형 지문

· 최유효이용, 최고최선이용(HBU)은 물리적·법적·재정적·최대생산성 조건을 충족해야 한다.

· 용적률이 커질수록 토지이용은 집약화된다.

· 토지이용은 입지와 교통에 크게 좌우된다.

· 토지이용규제는 외부효과를 줄이고 도시의 질서를 확보하기 위한 수단으로 정당화된다.

· 용도지역제는 토지이용을 분리·유도해 충돌을 완화하고 기반시설 계획과의 정합성을 높이려는 제도적 장치로 이해된다.

· 개발밀도(용적률 등)는 토지의 집약적 이용을 의미하며, 용적률이 높을수록 동일 토지에서 더 많은 연면적을 확보할 수 있다.

· 규제가 강화되면 개발가능성이 줄어 공급 제약이 커지고, 장기적으로 가격에 상승압력이 생길 수 있다는 설명이 가능하다(다만 수요 여건도 함께 봐야 함).

· 기반시설·교통개선은 접근성을 높여 수요를 증가시키고 지가를 상승시키는 요인이 될 수 있다.

· 공영개발은 개발이익의 사회 환수를 목적으로 한다.

· 민간개발은 주로 분양과 프로젝트금융을 통해 자금을 회수한다.

· 민자사업은 공공사업을 민간자본으로 수행하는 방식이다.

· BOT는 건설·운영 후 국가에 이전하는 방식이다.

· PF는 프로젝트의 현금흐름을 근거로 대출이 이루어진다.

· 최유효이용 또는 최고최선이용은 "합법적이고, 물리적으로 가능하며, 재정적으로 실행 가능하고, 최대 생산성을 갖는 이용"을 의미한다.

· 동일 토지라도 규제·시장여건·비용 구조에 따라 HBU가 달라질 수 있으며, HBU는 고정값이 아니라 조건에 따라 변화할 수 있다.

· 재정적 타당성은 수익이 비용을 초과하는지를 보는 관점이며, 비용에는 자본비용(이자 등)과 기회비용이 포함될 수 있다.

· 개발이익 환수 장치(예: 부담금)는 사회적 형평성과 불로소득 억제 목적을 가진 정책수단으로 이해된다.

· 개발행위로 인한 지가 상승은 공공투자·규제변화·시장수요 등 다양한 요인에서 발생할 수 있다.

· 용도지역제는 외부효과를 줄이고 도시 질서를 유지하기 위한 제도이다.

· 용적률이 높을수록 토지이용은 집약화된다.

· 교통 개선은 접근성을 높여 지가를 상승시킨다.

· 규제 강화는 공급을 억제해 장기적으로 가격 상승 요인이 될 수 있다.

· 최유효이용, 최고최선이용은 법적·물리적·재정적 가능성과 최대 생산성을 충족하는 이용이다.

· 개발이익은 공공투자와 규제 변화에서 발생할 수 있다.

· 공영개발은 토지시장 실패를 보완하는 수단이다.

· 민간개발은 수익성에 따라 입지와 규모가 결정된다.

· PF는 프로젝트의 현금흐름 위험을 금융시장에 이전하는 구조이다.

· 민자사업은 공공재를 시장 메커니즘으로 공급하는 방식이다.

· BTL 방식에서는 정부의 지급보증이 수익 안정성을 제공한다.

Ⅷ. 투자이론 · 포트폴리오 · 화폐의 시간가치

투자 의사결정을 이해하려면 먼저 기대수익과 위험의 개념부터 알아보자. 기대수익률은 각 수익률에 해당 수익이 발생할 확률을 곱한 후 이를 모두 더하여 계산한다. 이는 불확실한 상황에서 평균적으로 기대할 수 있는 수익 수준을 의미한다.

투자에는 항상 위험이 따르기 때문에 수익의 변동성을 함께 살펴볼 필요가 있다. 분산과 표준편차는 투자수익이 평균으로부터 얼마나 퍼져 있는지를 보여 주는 지표로, 수익의 변동성이 클수록 위험이 크다고 해석할 수 있다. 여러 투자대안을 비교할 때는 변동계수를 활용해 보자. 변동계수는 위험 대비 수익 수준을 나타내는 지표로, 값이 작을수록 동일한 위험 대비 더 높은 수익을 기대할 수 있음을 의미한다.

투자자가 요구하는 최소 수익 수준도 중요한 판단 기준이다. 요구수익률은 무위험수익률에 위험프리미엄을 더한 값으로 구성된다. 무위험수익률은 위험이 거의 없는 자산에서 얻을 수 있는 수익률을 의미하며, 위험프리미엄은 투자 위험을 감수하는 대가로 요구되는 추가 보상이다. 결국 요구수익률은 자본시장에서 위험에 대한 보상 수준을 반영하여 결정된다는 점을 알아보자.

투자대안 비교에서는 평균-분산 지배원리가 활용된다. 기대수익률이 더 높고 위험이 더 낮은 투자안이 있다면, 그 투자안이 다른 대안보다 우월하다고 판단할 수 있다.

이제 시간 가치 개념을 알아보자. 돈은 시간에 따라 가치가 달라지기 때문에 미래의 현금흐름을 현재 기준으로 환산할 필요가 있다. 현재가치는 미래가치를 할인율로 나누어 계산하며, 미래에 받을 금액을 현재 시점의 가치로 환산한 값이다. 이때 이자율(할인율)이 상승하면 미래 현금흐름의 현재가치는 감소한다.

이 원리를 활용하는 것이 할인법(DCF)이다. 할인법은 미래에 발생할 현금흐름을 현재가치로 환산하여 투자안을 평가하는 방법이다. 현금흐름이 발생하는 시점이 늦어질수록 현재가치는 더 작아지며, 할인율이 상승할수록 특히 장기 현금흐름의 현재가치 감소폭이 단기보다 크게 나타난다는 점을 알아 두자.

투자 위험을 줄이는 방법으로 포트폴리오 분산효과를 살펴보자. 여러 자산에 분산 투자하면 개별 자산의 위험을 줄일 수 있으며, 자산 간 상관계수가 낮을수록 분산효과는 더욱 커진다. 그러나 시장 전체 변동에 의해 발생하는 체계적 위험은 분산투자로 제거할 수 없다는 점도 함께 알아 두자.

투자안의 경제성을 판단하는 대표적인 기준도 알아보자. 순현재가치(NPV)는 미래 현금흐름의 현재가치 합에서 초기 투자비용을 차감한 값이며, NPV가 0보다 크면 투자안은 경제성이 있다고 판단한다. 한편 내부수익률(IRR)은 투자로부터 기대되는 수익률을 의미하며, 투자안의 수익성을 나타내는 지표로 활용된다.

결국 투자 의사결정은 기대수익과 위험의 균형, 시간가치, 할인율, 분산효과, 그리고 경제성 평가 기준을 종합적으로 고려하여 이루어진다. 이러한 원리를 함께 살펴보면 투자 판단 과정이 보다 체계적으로 이해될 수 있다.

■ 기출 변형 지문

· 기대수익률은 각 수익률에 발생확률을 곱한 값의 합이다.

· 분산과 표준편차는 투자수익의 변동성을 나타내는 위험지표이다.

· 변동계수가 작을수록 위험 대비 수익이 크다.

· 요구수익률은 무위험수익률과 위험프리미엄의 합이다.

· 평균—분산 지배원리에서 기대수익률이 높고 위험이 낮은 대안이 우월하다.

· 현재가치는 미래가치를 할인율로 나눈 값이다.

· 이자율이 상승하면 미래 현금흐름의 현재가치는 감소한다.

· 할인법은 미래 현금흐름을 현재가치로 환산하여 투자안을 평가한다.

· 포트폴리오 분산효과는 자산 간 상관계수가 낮을수록 커진다.

· 체계적 위험은 분산투자로 제거할 수 없다.

· 요구수익률은 자본시장에서 위험에 대한 보상으로 결정된다.

· 할인율에는 무위험이자율과 위험프리미엄이 포함된다.

· 현금흐름의 발생 시점이 늦어질수록 현재가치는 작아진다.

· 할인율이 상승하면 장기 현금흐름의 현재가치 감소폭이 단기보다 크다.

· IRR은 투자안의 수익성을 나타내는 내부수익률이다.

· NPV가 0보다 크면 투자안은 경제성이 있다.

· 투자수익률의 기대값은 불확실한 상황에서 합리적 선택의 기준이 된다.

· 위험자산의 수익률 분포가 넓을수록 투자자는 더 큰 불확실성에 노출된다.

· 표준편차가 큰 자산일수록 수익률의 변동성이 크다.

· 동일한 기대수익률이라면 위험이 낮은 자산이 더 선호된다.

· 위험 회피적 투자자는 동일한 위험 수준에서 더 높은 수익을 선택한다.

· 투자자의 위험 선호는 기대수익과 위험의 교환관계에 의해 설명된다.

· 자산 간 상관관계가 음(-)일 경우 포트폴리오 위험 감소 효과는 더욱 커진다.

· 분산투자는 개별 자산의 위험을 완전히 제거하지는 못하지만 전체 위험을 줄일 수 있다.

· 시장 전체의 변동으로 발생하는 위험을 체계적 위험이라고 한다.

· 기업 고유의 요인으로 발생하는 위험은 비체계적 위험이라 한다.

· 비체계적 위험은 다양한 자산에 분산 투자함으로써 줄일 수 있다.

· 자본자산가격결정모형은 위험과 기대수익률의 관계를 설명한다.

· 금리가 상승하면 투자 프로젝트의 경제성은 낮아질 수 있다.

· 자본비용은 기업이 자금을 조달하기 위해 부담해야 하는 최소 수익률이다.

· 투자자는 기대수익률이 자본비용보다 높은 경우에만 투자를 결정한다.

IX. 부동산 금융(신탁, 유동화, 리츠 등)

부동산 금융을 이해하기 위해 먼저 대출이 어떻게 결정되는지 살펴본다. 금융기관은 담보의 가치와 차입자의 상환 능력을 기준으로 대출 가능 금액을 판단한다. 이때 담보가치는 대출한도를 결정하는 중요한 기준이 되며, 담보가치가 높을수록 대출 가능 금액도 커질 수 있다.

대출 금리 구조에 따른 위험 부담도 함께 이해해 보자. 고정금리는 대출 기간 동안 금리가 변하지 않기 때문에 금리가 상승하더라도 차입자의 부담은 증가하지 않는다. 대신 금리 상승 위험은 금융기관이 부담한다. 반대로 변동금리는 시장 금리에 따라 이자 부담이 변하기 때문에 금리 상승 시 차입자의 상환 부담이 커질 수 있다.

대출 상환 방식의 구조도 논해본다. 원리금균등상환 방식은 매월 상환액이 일정하지만 초기에는 이자 비중이 크고 시간이 지날수록 원금 비중이 증가하는 구조를 가진다.

대출 규제 지표의 의미도 살펴본다. LTV는 담보가치 대비 대출 비율을 의미하며 금융기관이 담보 가치 대비 어느 정도까지 대출해 주는지를 나타낸다. DTI는 소득 대비 부채 상환 능력을 나타내는 지표로 차입자의 상환 부담 가능 수준을 평가하는 기준이 된다.

이제 금융시장에서 자금 조달 구조를 이해해 보자. 자산유동화는 미래에 발생할 현금흐름을 기초로 증권을 발행하여 자금을 조달하는 방식이다. 이를 통해 금융기관은 자산을 현금화하여 자금 회전성을 높이고 대차대조표를 경량화하는 효과를 얻을 수 있다.

MBS는 주택담보대출을 기초로 발행되는 증권으로, 금융기관이 장기 주택대출 자금을 회수하여 새로운 대출 재원으로 활용할 수 있도록 한다. 이는 장기 고정금리 주택대출을 지원하는 중요한 금융 수단으로 기능한다.

CMO는 MBS를 여러 트랜치로 구조화한 금융상품이다. 상환 시기와 위험 수준을 분리하여 투자자의 선호에 맞는 투자 선택이 가능하도록 설계된다는 점을 이해해 보자.

자산유동화에서 중요한 법적 장치로 파산격리를 논해 본다. 이는 유동화 자산을 원 보유기관의 파산 위험으로부터 분리하여 투자자의 권리를 보호하는 장치이다.

부동산 간접투자 구조도 살펴본다. 부동산신탁에서는 부동산 소유권이 수탁자에게 이전되고 수탁자는 해당 부동산을 관리·운용한다. 즉 소유권과 관리·운용 기능을 분리하여 전문적인 자산 관리가 이루어지도록 하는 구조이다.

REITs는 다수 투자자의 자금을 모아 부동산에 투자하고 임대수익이나 매각이익을 배당 형태로 분배하는 투자 방식이다. 이를 통해 소액 투자로도 부동산 투자에 참여할 수 있으며 분산투자와 높은 유동성을 확보할 수 있다. 이러한 구조는 부동산 시장의 유동성을 높이는 역할도 수행한다는 점을 이해해 보자.

마지막으로 고령자 주거 안정과 노후 소득 보장을 위한 제도를 논해 본다. 주택연금은 주택을 담보로 제공하고 평생 연금을 지급받는 제도로, 고령자가 주택을 처분하지 않고도 안정적인 소득 흐름을 확보하도록 돕는다. 이는 자산 형태로 보유된 주택을 소득 흐름으로 전환하는 제도라고 이해할 수 있다.

결국 부동산 금융 구조는 담보 기반 대출, 금리 구조, 유동화 금융, 간접투자 수단, 그리고 노후소득 보장 제도가 결합된 체계로 이루어진다. 이러한 구조를 종합적으로 이해해 보면 부동산 금융시장의 작동 원리를 보다 체계적으로 파악할 수 있다.

■ 기출 변형 지문

· 담보가치는 대출한도를 결정한다.

· 고정금리는 금리상승 위험을 대출자가 부담한다.

· 변동금리는 금리상승 위험을 차입자가 부담한다.

· 원리금균등상환은 초기 이자비중이 크다.

· LTV는 담보가치 대비 대출비율이다.

· DTI는 소득 대비 부채상환능력 지표이다.

· 자산유동화는 현금흐름을 기초로 증권을 발행하는 것이다.

· MBS는 주택담보대출을 기초로 한 증권이다.

· CMO는 MBS를 여러 트랜치로 구조화한 상품이다.

· 부동산신탁에서는 소유권이 수탁자에게 이전된다.

· REITs는 다수 투자자의 자금을 모아 부동산에 투자하고 배당한다.

· REITs는 소액·분산·유동성 투자를 가능하게 한다.

· 주택연금은 주택을 담보로 평생 연금을 받는 제도이다.

· 자산유동화는 금융기관의 대차대조표를 경량화하는 기능이 있다.

· 파산격리는 유동화의 핵심 법적 장치이다.

· MBS는 장기 고정금리 주택대출의 재원이다.

· CMO는 상환시기를 분리하여 투자자 선호를 반영한다.

· 부동산신탁은 소유권과 관리·운용을 분리한다.

· REITs는 부동산시장의 유동성을 높인다.

· 주택연금은 고령자의 자산을 소득흐름으로 전환하는 제도이다.

· 금리는 자금의 시간가치(현재가치/미래가치)를 연결하며, 위험·물가·기대 등에 의해 결정된다.

· 고정금리는 이자율이 고정되어 차입자(또는 대출자)가 금리변동 위험을 덜 지고, 반대편이 더 부담하는 구조로 설명된다.

· 변동금리는 시장금리 변동이 이자부담에 반영되어 차입자가 금리상승 위험을 더 크게 부담할 수 있다.

· 원리금균등상환은 매 기간 상환액(원금+이자)이 일정하고, 초기에는 이자 비중이 크고 시간이 갈수록 원금 비중이 커진다.

· 원금균등상환은 원금 상환액이 일정하여 초기 상환부담이 더 크고 시간이 갈수록 이자 감소로 상환액이 줄어드는 경향이 있다.

· LTV는 담보가치 대비 대출비율로 담보 중심 규제이고, DTI는 소득 대비 부채상환부담으로 소득 중심 규제이며, DSR은 모든 부채의 원리금 상환능력을 종합적으로 보는 지표로 설명된다.

· 담보평가가 보수적으로 이루어지면 동일 자산이라도 대출한도가 줄어들 수 있다.

· 고정금리는 대출자가, 변동금리는 차입자가 금리위험을 더 부담한다.

· 원리금균등상환은 초기 이자 비중이 크다.

· LTV는 담보 중심, DTI · DSR은 소득 중심 규제이다.

· 자산유동화는 현금흐름을 기초로 증권을 발행하는 것이다.

· MBS는 주택담보대출을 기초로 한 증권이다.

· CMO는 MBS를 여러 트랜치로 구조화한 상품이다.

· 부동산신탁에서는 소유권이 수탁자에게 이전된다.

· REITs는 다수 투자자의 자금을 모아 부동산에 투자하고 배당한다.

· REITs는 소액 · 분산 · 유동성 투자를 가능하게 한다.

· 주택연금은 주택을 담보로 평생 연금을 받는 제도이다.

· 한국주택금융공사는 주택연금과 MBS 발행을 담당한다.

· 대출만기는 상환기간을 의미하며 만기가 길수록 월 상환부담은 낮아지지만 총이자부담은 커질 수 있다.

· 금리 상승은 차입자의 이자부담을 증가시키고 부동산 수요를 위축시킬 수 있다.

· 대출금리는 기준금리와 가산금리의 합으로 결정되는 경우가 많다.

· 가산금리는 차주의 신용도와 담보위험을 반영한다.

· 주택담보대출은 부동산을 담보로 제공하여 금융기관이 자금을 대출하는 구조이다.

· 담보권 실행은 채무불이행 시 담보자산을 처분하여 채권을 회수하는 절차이다.

· 근저당권은 채권최고액 범위 내에서 반복적으로 채권을 담보할 수 있는 권리이다.

· 채권최고액은 실제 대출금보다 크게 설정되는 경우가 많다.

· 신용대출은 담보 없이 차주의 신용을 기반으로 이루어진다.

· 담보대출은 담보자산 가치에 따라 대출 가능 금액이 제한된다.

· 금융기관은 대출심사에서 차주의 소득 안정성과 상환능력을 중요하게 평가한다.

· 유동화 전문회사(SPC)는 자산유동화를 위해 설립되는 특수목적회사이다.

· SPC는 기초자산의 현금흐름을 기반으로 증권을 발행한다.

· ABS는 다양한 자산을 기초로 발행되는 자산유동화증권이다.

· 주택저당채권은 주택담보대출에서 발생하는 채권을 의미한다.

· 자산유동화는 금융기관이 보유한 장기대출을 시장에서 거래 가능한 증권으로 전환한다.

· 리츠는 임대수익과 자산가치 상승을 투자자에게 배당하는 구조이다.

· 리츠는 부동산 직접투자에 비해 유동성이 높은 간접투자 방식이다.

· 상장 리츠는 증권시장 거래를 통해 투자자에게 높은 유동성을 제공한다.

· 공모 리츠는 일반 투자자가 참여할 수 있는 구조를 가진다.

· 사모 리츠는 제한된 투자자를 대상으로 자금을 모집한다.

· 주택연금은 주택을 매각하지 않고도 노후 생활비를 확보할 수 있는 제도이다.

· 주택연금 지급액은 주택가격, 가입자의 연령, 금리 수준 등에 의해 결정된다.

X. 투자이론

투자 의사결정을 논의하기 위해 먼저 기대수익과 위험의 개념을 살펴본다. 기대수익률은 불확실한 미래 수익에 대한 평균적 전망을 의미하며, 확률을 고려한 평균 수익 개념으로 이해할 수 있다. 위험은 이러한 수익이 얼마나 변동할 수 있는지를 의미하며, 일반적으로 수익률의 변동성 또는 불확실성으로 다루어진다. 시험에서는 기대수익률이 높은 자산이 항상 좋은 투자라고 단정하는 선택지가 등장하기도 하는데, 기대수익이 높을수록 위험도 함께 커지는 경향이 있으므로 위험을 함께 고려해야 한다는 점을 유의해 보자.

위험을 줄이기 위한 전략으로 분산투자를 살펴본다. 분산투자는 자산 간 상관관계를 활용하여 포트폴리오 위험을 낮추는 전략이다. 자산 간 상관계수가 낮을수록 위험 감소 효과는 커지며, 완전한 분산이 가능하다면 개별 자산에 고유한 비체계적 위험은 제거될 수 있다. 시험에서는 분산투자로 모든 위험이 제거된다는 진술이 제시될 수 있으나, 시장 전체 변동에서 발생하는 체계적 위험은 제거할 수 없다는 점을 구분해 두자.

레버리지 효과도 함께 논해본다. 레버리지는 차입을 통해 투자 규모를 확대함으로써 자기자본수익률을 높일 수 있는 전략이다. 투자 수익률이 차입금 이자율보다 높을 경우 자기자본수익률은 확대되지만, 가격이 기대와 반대로 움직이면 손실 역시 확대된다. 시험에서는 레버리지가 수익률을 항상 높여 준다는 식의 선택지가 등장할 수 있으므로, 레버리지는 수익과 손실을 동시에 확대하는 구조라는 점을 기억해 두자.

이제 시간가치 개념을 반영한 투자 평가 방법을 살펴본다. 순현재가치(NPV)는 미래 현금흐름을 할인하여 현재가치로 환산한 뒤 초기 투자비를 차감한 값이다. NPV가 0보다 크면 투자로 인해 부가가치가 창출된다고 판단하므로 경제적으로 타당하다는 의사결정 규칙이 성립한다. 시험에서는 NPV가 0이면 투자 가치가 없다고 단정하는 표현이 등장할 수 있으나, NPV가 0이라는 것은 요구수익률 수준의 수익을 달성한다는 의미이므로 수용 가능 범위로 해석될 수 있음을 알아 두자.

내부수익률(IRR)도 함께 살펴본다. IRR은 NPV를 0으로 만드는 할인율을 의미하며, 투자안 자체가 창출하는 수익률 수준을 나타낸다. 일반적으로 IRR이 요구수익률보다 크면 투자안이 채택 가능하다고 판단한다. 다만 시험에서는 IRR이 항상 NPV보다 우수한 판단 기준이라는 식의 선택지가 등장할 수 있으므로, 상호 배타적 투자안이나 현금흐름 패턴이 비정상적인 경우 IRR 기준이 오류를 유발할 수 있다는 점도 함께 기억해 두자.

할인율의 구성 요소도 이해해 보자. 할인율은 무위험이자율에 위험프리미엄을 더한 구조를 기본으로 하며, 물가상승 기대와 유동성 요인이 반영될 수 있다. 시험에서는 할인율이 높아질수록 투자 가치가 증가한다는 식의 함정 문장이 등장할 수 있는데, 할인율이 상승하면 미래 현금흐름의 현재가치는 감소한다는 점을 반드시 구분해 두자.

현금흐름의 발생 시점도 투자 가치에 중요한 영향을 미친다. 동일한 금액이라도 미래에 늦게 발생할수록 현재가치는 작아진다. 또한 할인율이 상승할 경우 장기 현금흐름의 현재가치 감소폭이 단기 현금흐름보다 더 크게 나타난다는 점도 시험에서 자주 출제되는 개념이므로 함께 정리해 두자.

· 기대수익률이 높을수록 위험도 커진다.

· 분산투자는 비체계적 위험을 감소시킨다.

· 순현재가치(NPV)가 0보다 크면 투자타당성이 있다.

· 내부수익률(IRR)이 요구수익률보다 크면 투자 가능하다.

· 기대수익률이 높은 자산은 일반적으로 위험도 크며, 수익만 보고 판단하는 것은 오류가 될 수 있다.

· 분산투자는 비체계적 위험을 줄이지만 체계적 위험은 제거할 수 없다.

· 레버리지는 수익률을 확대할 수 있지만 손실도 동시에 확대시킨다.

· NPV가 0보다 크면 투자 타당성이 있으며, 0이면 요구수익률 수준을 달성한 것으로 해석할 수 있다.

· IRR이 요구수익률보다 크면 투자 가능하다고 판단한다.

· 할인율이 상승하면 현재가치는 감소한다.

· 장기 현금흐름일수록 할인율 변화의 영향을 더 크게 받는다.

· 기대수익률은 불확실한 미래 수익의 평균적 전망을 의미하며, 위험은 그 변동성 또는 불확실성으로 다룬다.

· 분산투자는 자산 간 상관관계를 이용해 포트폴리오 위험을 낮추는 전략이며, 완전한 분산이 가능하면 비체계적 위험을 줄일 수 있다.

· 레버리지는 차입을 통해 자기자본수익률을 확대할 수 있으나, 기대와 반대로 가격이 움직이면 손실도 확대된다.

· 순현재가치(NPV)는 할인한 현금흐름의 합에서 초기투자비를 뺀 값이며, NPV가 0보다 크면 경제적으로 유리하다는 의사결정 규칙이 성립한다.

· 내부수익률(IRR)은 NPV를 0으로 만드는 할인율이며, IRR이 요구수익률보다 크면 투자안이 채택 가능하다는 규칙이 일반적으로 사용된다.

· 할인율은 무위험이자율, 위험프리미엄, 물가·유동성 등을 반영해 설정하는 것이 합리적이다.

XI. 감정평가이론

감정평가는 단순히 숫자를 계산하는 절차가 아니라, 평가 목적과 기준시점, 대상 부동산을 확정하는 단계에서 출발하여 자료를 검토하고 방법을 적용한 뒤 최종 가액을 결정하는 판단 과정이라고 볼 수 있다. 평가 목적이 달라지면 적용 자료와 가정, 그리고 방법의 적합성 판단이 달라질 수 있으므로, 목적과 기준일 확정이 감정평가의 출발점이라는 점을 먼저 이해해 보자.

감정평가 방법은 크게 비교방식, 원가방식, 수익방식이라는 세 가지 접근 논리로 나누어 생각해 볼 수 있다. 비교방식은 시장에서 실제로 거래되는 가격 수준을 반영하려는 접근이고, 원가방식은 동일한 부동산을 다시 만든다면 얼마의 비용이 들지를 따지는 관점이며, 수익방식은 미래에 벌어들일 수익을 현재가치로 환산하여 가치를 판단하는 논리라고 볼 수 있다. 시험에서는 이 세 방식이 서로 경쟁 관계에 있다고 오해하도록 만드는 문장이 등장하기도 하지만, 실제로는 서로 보완적이며 자료와 목적에 따라 적합성이 달라진다는 점을 기억해 두자.

■ 비교방식의 두 방법을 살펴보자

거래사례비교법은 유사한 부동산의 실제 거래사례를 조사한 뒤 거래 조건, 시점, 위치, 개별 요인 차이를 보정하여 대상 부동산의 가치를 추정하는 방법이다. 시장 참여자의 실제 거래 결과를 바탕으로 하기 때문에 시장성을 가장 직접적으로 반영하는 접근이라고 볼 수 있다. 다만 거래사례가 부족하거나 신뢰성이 낮으면 적용의 적합성이 떨어질 수 있다는 점을 함께 생각해 보자.

공시지가기준법은 표준지공시지가를 기준으로 대상 토지의 특성을 비교하여 가격을 산정하는 방법이다. 공시가격 체계를 활용하여 토지 가치를 추정하는 방식이라고 이해해 보면 된다. 공시가격이 시장가치를 반영하려 노력하지만 항상 동일하다고 단정할 수는 없다는 점이 시험에서 자주 혼동되는 부분이다.

■ 원가방식의 두 방법을 알아보자

원가법은 대상 부동산을 새로 취득하거나 건축한다고 가정했을 때 필요한 재조달원가에서 감가요인을 반영하여 가치를 산정하는 방법이다. 건물이 오래되거나 기능이 뒤떨어졌거나 외부 환경 변화로 가치가 감소한 부분을 고려해 가치를 조정한다고 이해해 보자.

적산법은 토지와 건물을 분리하여 각각의 가치를 산정한 뒤 합산하는 방법이다. 토지는 비교방식을 통해 평가하고 건물은 원가법 논리를 적용해 산정한 뒤 더하는 방식으로 이해하면 된다. 토지는 건물처럼 물리적 내용연수 개념이 적용되지 않는다는 점이 시험에서 자주 출제되는 포인트다.

■ 수익방식의 두 방법을 이해해 보자

수익환원법은 부동산이 창출할 순수익을 기준으로 가치를 산정하는 방법이다. 임대료에서 공실 손실과 운영비를 차감해 순수익을 구한 뒤, 이를 환원율로 나누어 가치를 추정한다고 이해해 보자. 환원율은 위험 수준과 금리, 성장 기대 등을 반영하는 요소이므로 시장 상황에 따라 변할 수 있다. 같은 순수익이라도 환원율이 높아지면 가치는 낮아진다는 점을 함께 기억해 두자.

DCF는 일정 기간 동안 발생할 현금흐름을 예측하여 할인율로 현재가치로 환산하고, 보유 기간 이후의 매각가치까지 반영해 가치를 산정하는 방법이다. 현금이 먼 미래에 발생할수록 현재가치는 작아지며, 할인율이 높아질수록 특히 장기 현금흐름의 가치가 크게 줄어든다는 점이 중요한 특징이다.

■ 시산가격과 최종가액 결정 과정을 이해해 보자

여러 방법을 적용하면 각 방법에서 산출된 시산가격이 서로 다르게 나타날 수 있다. 이는 접근 논리와 자료 특성이 다르기 때문이다. 최종 감정평가액은 단순 평균으로 결정되는 것이 아니라 시장성 반영 정도, 자료의 신뢰성, 방법 적용의 적합성을 종합적으로 검토하여 조정·결정된다고 이해해 보자.

■ 시험에서 자주 혼동되는 핵심 문장을 정리해 보자

· 감정평가는 목적과 기준일, 대상 확정에서 시작된다.
· 시산가격은 서로 다를 수 있으며 최종가액은 조정 과정을 통해 결정된다.
· 거래사례비교법은 시장 거래사례를 통해 시장성을 반영한다.
· 공시지가기준법은 표준지공시지가를 기준으로 토지 가치를 추정한다.
· 원가법은 재조달원가에서 감가요인을 반영하여 가치를 산정한다.
· 적산법은 토지와 건물 가치를 각각 산정해 합산한다.
· 수익환원법은 순수익과 환원율을 이용해 가치를 산정한다.
· 환원율이 상승하면 동일 수익 기준에서 가치는 낮아진다.
· DCF는 미래 현금흐름과 할인율을 이용해 현재가치를 산정한다.
· 감정평가의 세 방식과 여섯 방법은 서로 다른 관점에서 가치를 바라보는 도구이며, 평가 목적과 자료 상황에 따라 적절히 적용되고 종합되어 최종 가액이 결정된다는 점을 중심으로 이해해 보자. 이렇게 흐름으로 정리해 두면 시험에서 문장을 뒤틀어 출제하더라도 핵심 논리를 흔들림 없이 판단할 수 있다.

■ 기출 변형 지문

· 감정평가의 목적이 다르면 적용 자료·가정·평가방법 선택이 달라질 수 있으며, 목적·기준일·대상 확정이

출발점이다.

· 시산가격(방법별 산출가치)은 서로 다를 수 있고, 최종가액은 시장성 · 자료신뢰성 · 방법적합성 등을 고려해 조정 · 결정하는 논리가 활용된다.

· 비교방식은 유사사례를 통해 시장성을 반영하는 방향이고, 원가방식은 재조달원가와 감가를 통해 현물가치 측면을 반영하는 방향으로 이해된다.

· 수익방식은 미래 수익을 현재가치로 환산하는 논리로, 임대료 · 공실 · 운영비 · 환원율 등 가정이 결과에 큰 영향을 미친다.

· 환원율(또는 할인율)은 위험 · 성장 · 금리 수준을 반영하며, 동일 부동산이라도 시장여건에 따라 변할 수 있다.

· 비교방식은 시장성, 원가방식은 물리적 가치, 수익방식은 수익성을 반영한다.

· 환원율과 할인율은 위험과 금리 수준을 반영한다.

· 최종가액은 방법별 시산가격을 종합하여 결정한다.

제3장

시험을 관통하는 마법의 문장들

1차 객관식 시험에서는 배경지식이 되고 감정평가사 2차 시험을 준비하는 수험생에게는 무기가 되는 마법의 피벗 문장입니다.

▪ 가치·시장·평가 기본

"부동산 가치는 시장참여자의 합리적 기대를 반영하여 형성된다."

"감정평가에서 중요한 것은 과거 가격이 아니라 평가시점의 시장 상황이다."

"부동산 가치는 단일 수치가 아니라 판단과 조정의 결과이다."

"부동산은 개별성과 위치의 영향을 강하게 받는 자산이다."

"동일한 물리적 부동산이라도 시장여건에 따라 가치는 달라질 수 있다."

"가치는 효용과 희소성의 함수로 이해할 수 있다."

"부동산시장은 완전경쟁시장이 아니라 불완전경쟁시장이다."

"부동산은 국지적 시장에서 가격이 형성된다."

"감정평가는 시장분석을 전제로 이루어진다."

"부동산 가격은 수요와 공급의 상호작용 결과이다."

▪ 수익·환원·금융

"부동산의 경제적 가치는 장래 순수익의 현재가치로 파악할 수 있다."

"환원율은 이자율과 위험프리미엄을 반영한 시장의 요구수익률이다."

"위험이 커질수록 환원율은 상승한다."

"환원율의 상승은 부동산 가치 하락 요인이다."

"임대수익은 자본화되어 자산가격에 반영된다."

"금융환경은 부동산 가치 형성에 중대한 영향을 미친다."

"금리 변화는 투자수요와 환원율을 동시에 변화시킨다."

"부동산 투자는 현금흐름과 위험의 결합이다."

"레버리지는 수익과 위험을 동시에 증폭시킨다."

"자본시장의 변화는 부동산시장에 파급된다."

▪ 최고최선이용(HBU)

"최고최선이용은 가치형성의 출발점이다."

"HBU는 법적·물리적·재정적·생산적 요건을 모두 충족해야 한다."

"HBU는 현재 이용이 아니라 가장 가치 있는 이용이다."

"시장수요는 HBU 판단의 핵심 요소이다."

"HBU는 대상 부동산의 잠재적 이용을 반영한다."

"법적 규제는 HBU의 중요한 제약요인이다."

"재정적 타당성이 없는 이용은 HBU가 될 수 없다."

"입지와 접근성은 HBU에 큰 영향을 미친다."

"HBU 변화는 부동산 가치 변동을 초래한다."

"감정평가는 항상 HBU를 전제로 한다."

■ 감정평가 3방식 · 시산가치

"비교 · 원가 · 수익방식은 상호 보완적인 가치 접근법이다."

"각 평가방식은 대상물의 특성에 따라 적합성이 달라진다."

"시장자료가 풍부할수록 비교방식의 신뢰도가 높아진다."

"특수부동산에는 원가방식이 상대적으로 유용하다."

"임대수익형 부동산에는 수익방식이 적합하다."

"시산가치는 자료의 신뢰성과 시장성을 고려하여 조정된다."

"가중치는 각 방식의 적합성을 반영하여 결정된다."

"최종평가액은 기계적 평균이 아니라 전문적 판단의 결과이다."

"평가방식 선택은 가치의 본질과 연계된다."

"시산가치 조정은 감정평가의 핵심 단계이다."

■ 지대 · 입지 · 도시

"부동산 가치는 위치와 접근성에 의해 좌우된다."

"교통망 개선은 지가 상승 요인이다."

"도심 접근성은 지대 형성의 핵심 변수이다."

"토지는 희소성과 고정성을 가진다."

"지가는 사회 · 경제적 발전의 영향을 받는다."

"입지 경쟁은 지대 차이를 만든다."

"도시 구조는 부동산 가치 분포에 영향을 미친다."

"집적효과는 상업 · 업무지의 가치를 높인다."

"토지이용 변화는 지가 변동을 초래한다."

"개발 기대는 지가에 선반영된다."

■ 시장 · 수요 · 공급

"부동산 가격은 수요와 공급의 상호작용 결과이다."

"금리와 소득은 수요에 영향을 미친다."

"공급의 비탄력성은 가격 변동성을 키운다."

"기대는 현재 시장행동에 영향을 미친다."

"부동산 시장은 정보 비대칭이 크다."

"부동산 가격은 지역별로 다르게 형성된다."

"시장 불균형은 가격 변동을 유발한다."

"부동산 경기는 금융환경과 밀접하다."

"장기적으로 가격은 수요·공급 균형으로 수렴한다."

"단기 변동은 심리와 기대의 영향을 받는다."

■ 공익·정책·규제

"부동산은 사유재산이면서 공공재적 성격을 가진다."

"정부 규제는 시장 실패를 보완하는 수단이다."

"토지이용 규제는 외부효과를 조정하기 위한 것이다."

"개발이익 환수는 형평성 확보를 목표로 한다."

"공공개입은 시장의 효율성과 형평성을 조정한다."

"주택정책은 주거안정이라는 사회적 목적을 가진다."

"과도한 규제는 시장왜곡을 초래할 수 있다."

"부동산 정책은 경기조절 수단으로 활용된다."

"공공성과 효율성의 균형이 중요하다."

"정책 변화는 시장기대에 반영된다."

■ 개발·금융·유동화

"개발은 수요와 수익성을 전제로 이루어진다."

"프로젝트금융은 현금흐름을 기초로 한다."

"유동화는 자산의 유동성을 높인다."

"리츠는 부동산 간접투자 수단이다."

"금융기법은 부동산 투자 구조를 변화시킨다."

"개발위험은 금융시장을 통해 분산된다."

"부동산시장은 자본시장과 연계되어 있다."

"자금조달 여건은 개발 규모를 좌우한다."

"금융위기는 부동산 시장에 파급된다."

"자산유동화는 금융기관의 위험관리 수단이다."

■ 시간·변화·불확실성

"부동산 가치는 시간에 따라 변한다."

"미래의 불확실성은 가치에 반영된다."

"할인율은 시간과 위험을 동시에 반영한다."

"장기 전망은 현재 가치 판단에 중요하다."

"부동산은 경기순환의 영향을 받는다."

"시장 기대는 가격 변동을 앞서 반영한다."

"변화는 부동산 가치의 본질적 요소이다."

"예측 오차는 평가의 불가피한 요소이다."

"합리적 판단은 불확실성을 고려한다."

"감정평가는 미래에 대한 추정이다."

■ 논술 마무리용 ─ 논술을 전개했다면 마무리 문장으로 문을 닫아야 한다

"따라서 해당 사안은 가치·시장·위험을 종합적으로 판단해야 한다."

"이는 단순한 계산 문제가 아니라 종합적 가치판단의 문제이다."

"이와 같은 관점에서 대상 부동산의 가치를 해석할 필요가 있다."

"결국 핵심은 시장참여자의 합리적 기대이다."

"이를 종합하면 평가 결과는 합리적이다."

"이러한 논리는 감정평가의 기본 원칙에 부합한다."

"실무적으로도 이러한 접근이 타당하다."

"제도적·시장적 측면을 함께 고려해야 한다."

"장기적 관점에서 가치 판단이 요구된다."

"이상의 논의를 통해 해당 쟁점을 설명할 수 있다."

제4장

손으로 써 보며 익히는 부동산학

Ⅰ. 서(導入) — 도입부 피벗문장 100

아래 문장은 문제에 나온 키워드(○○)만 바꿔 끼우면 된다.

▪ 개념 정의형

"일반적으로 ○○이란, 일정한 목적 하에서 A와 B를 기준으로 파악되는 개념이다."

"○○은 단순한 현상이 아니라, 경제적·법적·사회적 요소가 결합된 개념이다."

"○○은 부동산 가치형성의 핵심 요소로 이해된다."

"○○은 부동산시장의 구조를 설명하는 중요한 개념이다."

"○○은 부동산의 이용과 가치에 직접적인 영향을 미친다."

"이론적으로 ○○은 자원의 배분과 효율성을 설명하는 개념이다."

"○○은 시장참여자의 의사결정에 중요한 기준이 된다."

"○○은 부동산의 가격형성과 밀접한 관련을 가진다."

"○○은 경제학적 관점과 부동산학적 관점에서 모두 중요하게 다루어진다."

"○○은 가치평가의 출발점으로 기능한다."

▪ 문제의식 제기형

"최근 부동산 시장에서 ○○의 중요성이 더욱 부각되고 있다."

"○○은 이론적으로는 명확하지만 실무적으로는 복잡한 문제를 야기한다."

"○○에 대한 해석은 감정평가의 결과에 중대한 영향을 미친다."

"○○을 어떻게 이해하느냐에 따라 평가결과는 달라질 수 있다."

"○○은 시장 상황에 따라 그 의미가 변화할 수 있다."

"부동산 실무에서 ○○은 빈번히 쟁점이 되는 개념이다."

"○○은 정책·시장·평가를 연결하는 매개 개념이다."

"○○을 둘러싼 논의는 가치판단의 핵심을 이룬다."

"○○은 단순한 이론이 아니라 실제 평가에 적용되는 개념이다."

"○○의 적절한 이해는 합리적 평가를 위해 필수적이다."

▪ 범위 설정형

"이하에서는 ○○의 개념과 기능을 중심으로 살펴보고자 한다."

"본 논의에서는 ○○을 감정평가 관점에서 분석한다."

"○○의 이론적 배경과 실무적 의미를 중심으로 검토한다."

"○○이 가치형성에 미치는 영향을 중점적으로 다룬다."

"○○을 수요·공급 및 가치평가의 틀 속에서 고찰한다."

"○○의 역할을 시장과 정책 측면에서 분석한다."

"○○을 투자 및 평가의 관점에서 접근한다."

"○○의 구조와 효과를 단계적으로 살펴본다."

"○○의 이론과 실제 적용을 연계하여 고찰한다."

"○○을 종합적 관점에서 검토한다."

■ 감정평가 개념 기본형

"감정평가에서 ○○은 평가의 전제조건으로 작용한다."

"○○은 평가기준일 현재의 시장상황을 반영해야 한다."

"○○은 합리적 시장참여자의 기대를 전제로 한다."

"○○은 객관적 자료와 전문적 판단의 결합으로 파악된다."

"○○은 평가목적에 따라 다르게 해석될 수 있다."

"○○은 HBU 판단과 밀접한 관련을 가진다."

"○○은 3방식의 적용에도 영향을 미친다."

"○○은 시산가치 조정의 중요한 기준이 된다."

"○○은 감정평가사의 전문적 판단이 요구되는 영역이다."

"○○은 평가의 일관성과 합리성을 확보하기 위한 개념이다."

■ 이론 프레임 제시형

"○○에 대해서는 다양한 이론적 접근이 존재한다."

"○○은 경제이론과 부동산이론이 교차하는 영역이다."

"○○은 효율성과 형평성의 문제를 동시에 포함한다."

"○○은 시장원리와 정책개입이 동시에 작용하는 영역이다."

"○○은 미시적·거시적 관점에서 모두 분석될 수 있다."

"○○은 투자·개발·평가 전반에 영향을 미친다."

"○○은 장기적 관점에서 이해할 필요가 있다."

"○○은 불확실성과 기대를 내포한다."

"○○은 시간과 공간의 영향을 받는다."

"○○은 부동산 경제의 핵심 변수 중 하나이다."

■ 시험 친화형

"○○의 개념을 명확히 이해하는 것이 문제 해결의 출발점이다."

"○○을 정확히 정의하지 않으면 논의가 혼란스러워질 수 있다."

"○○은 자주 출제되는 핵심 개념이다."

"○○에 대한 이해는 실무 적용에 필수적이다."

"○○은 이론과 실제를 연결하는 개념이다."

"○○을 통해 문제의 본질을 파악할 수 있다."

"○○은 다양한 쟁점을 포괄하는 개념이다."

"○○은 감정평가 전반에 영향을 미친다."

"○○은 평가결과의 합리성을 좌우한다."

"○○을 중심으로 논의를 전개할 필요가 있다."

■ 구조 제시형

"먼저 ○○의 개념을 살펴보고, 다음으로 그 효과를 검토한다."

"이론적 측면과 실무적 측면을 구분하여 ○○을 분석한다."

"○○의 원인과 결과를 체계적으로 정리한다."

"○○의 구조와 기능을 단계적으로 검토한다."

"○○을 다양한 관점에서 비교·분석한다."

"○○을 중심으로 관련 개념을 연계하여 설명한다."

"○○의 문제점을 짚고 개선방향을 논의한다."

"○○의 의의와 한계를 함께 살펴본다."

"○○의 이론과 적용을 연결한다."

"○○을 중심축으로 논의를 전개한다."

■ 응용형

"○○은 최근 정책환경 변화와 맞물려 중요성이 커지고 있다."

"○○은 경기변동과 밀접한 관련을 가진다."

"○○은 금융환경 변화에 민감하게 반응한다."

"○○은 투자전략 수립에 중요한 요소이다."

"○○은 개발과 평가의 기준이 된다."

"○○은 도시구조와도 연계된다."

"○○은 주택시장에도 영향을 미친다."

"○○은 공공성과 수익성의 균형 문제를 포함한다."

"○○은 시장 안정성에 영향을 준다."

"○○은 자산가치 변동의 핵심 요인이다."

■ 종합 프레임형

"○○은 여러 요인이 복합적으로 작용하는 현상이다."

"○○은 단일 원인으로 설명할 수 없다."

"○○은 구조적·제도적 요소를 함께 고려해야 한다."

"○○은 시장과 정책의 상호작용 결과이다."

"○○은 단기와 장기 관점이 다를 수 있다."

"○○은 이해관계자에 따라 해석이 달라질 수 있다."

"○○은 다양한 가치관이 충돌하는 영역이다."

"○○은 경제적 판단과 정책적 판단이 동시에 요구된다."

"○○은 평가자의 전문적 식견이 요구된다."

"○○은 종합적 접근이 필요한 문제이다."

■ 도입 마무리형

"이러한 점에서 ○○에 대한 체계적 검토가 필요하다."

"따라서 ○○을 중심으로 논의를 전개하고자 한다."

"이하에서는 ○○을 감정평가 관점에서 살펴본다."

"이를 통해 ○○의 의미를 명확히 하고자 한다."

"○○의 구조를 이해하는 것이 본 논의의 목적이다."

"○○의 역할을 분석함으로써 문제를 접근한다."

"○○의 본질을 파악하는 것이 중요하다."

"○○을 중심으로 논점을 정리한다."

"○○에 대한 올바른 이해가 필요하다."

"이러한 문제의식 하에서 ○○을 검토한다."

II. 결(結) — 결론부 피벗문장 100

■ 요약·정리형

"이상의 논의를 종합하면 ○○의 핵심은 A와 B로 요약할 수 있다."

"앞서 살펴본 바와 같이 ○○은 다양한 요인이 복합적으로 작용한다."

"결국 ○○의 본질은 가치와 시장의 상호작용에 있다."

"○○은 단순한 개념이 아니라 종합적 판단 대상이다."

"○○은 이론과 실무가 결합된 개념임을 알 수 있다."

"○○의 이해는 합리적 평가를 위한 전제이다."

"○○의 구조를 파악하는 것이 중요하다."

"○○은 가치형성의 핵심 변수이다."

"○○의 역할은 매우 크다."

"○○에 대한 종합적 이해가 필요하다."

■ 감정평가사형

"감정평가에서는 ○○을 시장의 합리적 기대에 따라 판단해야 한다."

"평가자는 ○○을 객관적 자료와 전문적 판단을 통해 해석해야 한다."

"○○은 시산가치 조정에 반영되어야 한다."

"○○은 HBU 판단에 중요한 기준이 된다."

"○○은 최종평가액 산정에 반영되어야 한다."

"○○에 대한 적절한 고려가 평가의 신뢰성을 높인다."

"○○은 평가의 일관성을 확보하는 요소이다."

"○○을 고려하지 않은 평가는 왜곡될 수 있다."

"○○은 전문적 판단의 대상이다."

"○○은 평가의 핵심 논점이다."

■ 정책·공익형

"○○은 공공성과 효율성의 균형 속에서 접근되어야 한다."

"○○에 대한 정책적 고려가 필요하다."

"○○은 시장 안정과 직결된다."

"○○의 적절한 관리가 중요하다."

"○○은 사회적 파급효과를 가진다."

"○○에 대한 제도적 보완이 요구된다."

"○○은 공익적 관점에서 접근해야 한다."

"○○은 장기적 정책목표와 연계된다."

"○○은 시장 신뢰성에 영향을 준다."

"○○의 관리가 필요하다."

■ 실무 적용형

"실무적으로 ○○은 평가기준 설정에 반영되어야 한다."

"○○은 실제 평가에서 중요한 판단 요소이다."

"○○을 고려한 접근이 합리적이다."

"○○은 평가오차를 줄이는 데 기여한다."

"○○은 평가의 정확성을 높인다."

"○○은 실무 적용성이 높다."

"○○을 반영한 평가가 타당하다."

"○○은 현장 판단에 중요한 기준이다."

"○○은 평가결과의 신뢰성을 높인다."

"○○을 종합적으로 고려해야 한다."

■ 미래 · 전망형

"향후 ○○은 더욱 중요해질 것으로 예상된다."

"시장 환경 변화에 따라 ○○의 역할이 확대될 것이다."

"○○에 대한 지속적 검토가 필요하다."

"○○은 장기적 관점에서 관리되어야 한다."

"○○의 변화는 가치에 영향을 미칠 것이다."

"○○에 대한 전망이 중요하다."

"○○은 향후 정책의 중요한 변수이다."

"○○은 미래 가치에 영향을 준다."

"○○의 추이를 주목할 필요가 있다."

"○○에 대한 선제적 대응이 필요하다."

■ 종합 판단형

"종합하면 ㅇㅇ은 다각적 관점에서 판단되어야 한다."

"ㅇㅇ은 단일 기준으로 평가하기 어렵다."

"ㅇㅇ은 다양한 요인을 함께 고려해야 한다."

"ㅇㅇ은 균형 잡힌 접근이 필요하다."

"ㅇㅇ은 복합적 판단 대상이다."

"ㅇㅇ은 시장과 제도의 영향을 동시에 받는다."

"ㅇㅇ은 구조적 이해가 필요하다."

"ㅇㅇ은 상황에 따라 다르게 해석될 수 있다."

"ㅇㅇ은 전문적 판단이 요구된다."

"ㅇㅇ은 종합적 시각이 필요하다."

■ 답안 마무리형

"이와 같은 이유로 ㅇㅇ에 대한 접근이 타당하다."

"따라서 ㅇㅇ은 합리적으로 평가될 수 있다."

"이러한 관점에서 ㅇㅇ을 이해하는 것이 적절하다."

"이상과 같은 논리에 따라 ㅇㅇ을 판단할 수 있다."

"이를 통해 ㅇㅇ의 의미를 정리할 수 있다."

"ㅇㅇ에 대한 해석은 위와 같이 도출된다."

"ㅇㅇ은 위의 논의로 설명할 수 있다."

"이러한 논의는 ㅇㅇ을 이해하는 데 도움이 된다."

"ㅇㅇ에 대한 결론은 명확하다."

"ㅇㅇ에 대한 판단은 위와 같다."

■ 평가사 시선 정리형

"평가사는 ㅇㅇ을 신중히 고려해야 한다."

"ㅇㅇ에 대한 판단이 평가결과에 큰 영향을 미친다."

"ㅇㅇ은 평가의 핵심 판단 요소이다."

"ㅇㅇ을 반영하지 않으면 왜곡이 발생할 수 있다."

"ㅇㅇ은 평가의 객관성을 높인다."

"ㅇㅇ은 평가자의 전문성을 요구한다."

"○○은 평가 신뢰성의 기반이다."

"○○은 감정평가의 핵심 원리이다."

"○○을 종합적으로 고려해야 한다."

"○○에 대한 합리적 판단이 필요하다."

■ 시험 최적화형

"이와 같은 논리는 감정평가 이론에 부합한다."

"위의 논의는 시험 기준에 부합하는 접근이다."

"이는 표준적인 감정평가 논리이다."

"이러한 접근은 채점기준에 적합하다."

"이는 이론과 실무를 연결한 답안이다."

"논리적 일관성이 유지된다."

"핵심 쟁점을 모두 포괄한다."

"답안의 완결성을 확보한다."

"논점 누락이 없다."

"채점자가 요구하는 구조이다."

■ 최종 마무리형

"결론적으로 ○○에 대한 판단은 위와 같다."

"따라서 ○○을 위와 같이 정리할 수 있다."

"이로써 ○○의 쟁점을 정리할 수 있다."

"이러한 논의를 통해 ○○의 의미가 분명해진다."

"결국 ○○은 이러한 맥락에서 이해될 수 있다."

"따라서 ○○의 구조를 확인할 수 있다."

"이로써 ○○의 핵심 쟁점을 이해할 수 있다."

"결국 ○○에 대한 해석은 위와 같은 방향으로 귀결된다."

"이를 통해 ○○의 논리를 확인할 수 있다."

"따라서 ○○의 본질을 이해할 수 있다."

"이상의 분석은 ○○을 설명하는 데 충분하다."

"이와 같은 이유로 ○○이라고 판단할 수 있다."

"결국 ○○의 핵심은 여기에 있다."

"이러한 관점에서 ○○을 해석할 수 있다."

"결론적으로 ○○은 위와 같은 의미를 가진다."

"이상의 논의를 통해 ○○의 방향을 제시할 수 있다."

"따라서 ○○의 결론은 위와 같이 도출된다."

"이러한 점에서 ○○의 의의를 확인할 수 있다."

"이로써 ○○의 구조적 특징을 이해할 수 있다."

"종합적으로 볼 때 ○○의 의미는 분명하다."

"이상의 설명으로 ○○의 핵심을 정리할 수 있다."

"이러한 분석을 통해 ○○의 결론에 도달할 수 있다."

부동산학 한 권 정리

ⓒ 문지효, 2026

초판 1쇄 발행 2026년 4월 6일

지은이   문지효
펴낸이   이기봉
편집   좋은땅 편집팀
펴낸곳   도서출판 좋은땅
주소   서울특별시 마포구 양화로12길 26 지월드빌딩 (서교동 395-7)
전화   02)374-8616~7
팩스   02)374-8614
이메일   gworldbook@naver.com
홈페이지 www.g-world.co.kr

ISBN   979-11-388-5882-3 (03320)